주니어 메이커를 위한

TINKER CAD

박정호 · 김충식 지음

초판 인쇄 2019년 7월 8일
초판 발행 2019년 7월 15일

지은이 | 박정호, 김충식
펴낸이 | 김승기
펴낸곳 | (주)생능출판사
주소 | 경기도 파주시 광인사길 143
출판사 등록일 | 2005년 1월 21일
신고번호 | 제406-2005-000002호
대표전화 | (031)955-0761
팩스 | (031)955-0768
홈페이지 | www.booksr.co.kr

책임편집 | 유제훈
편집 | 신성민, 김민보, 권소정
디자인 | 유준범
마케팅 | 최복락, 심수경, 차종필, 백수정, 최태웅, 김범용
인쇄 · 제본 | 영신사

ISBN 978-89-7050-982-2 73000
값 15,000원

- 이 책의 국립중앙도서관 출판예정도서목록(CIP)은 서지정보유통지원시스템 홈페이지(http://seoji.nl.go.kr)와 국가자료공동목록시스템 (http://www.nl.go.kr/kolisnet)에서 이용하실 수 있습니다.[CIP제어번호: CIP2019024708]
- 이 책의 저작권은 (주)생능출판사와 지은이에게 있습니다. 무단 복제 및 전재를 금합니다.
- 잘못된 책은 구입한 서점에서 교환해 드립니다.

이 책의 활용

1 유튜브 동영상 시청하기

유튜브 동영상을 보고 본문에 나온 내용들을 따라 해볼 수 있어요.

2 틴커캐드로 만든 것을 비교해 보기

예제 소스를 보고 본인이 만들어 본 것이 맞는지 확인해 볼 수 있어요.

※ 예제 소스 찾는 방법

① '검색' 아이콘을 클릭하세요.

② '사용자' 메뉴를 클릭한 다음 'tinkercad_CITE'를 입력하여 검색하면 해당 사용자가 나옵니다. 그 사용자를 클릭하면 예제 소스를 확인할 수 있어요.

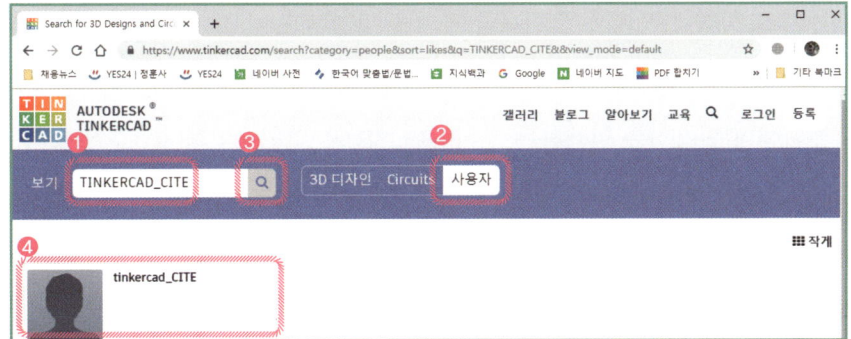

3 3D 프린팅을 위한 할인쿠폰 제공

3D 프린팅 업체와 제휴한 쿠폰으로 할인받을 수 있어요. 자세한 방법은 이 책의 196쪽에 나와 있어요.

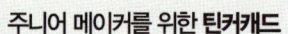

어린이 여러분!

지금 전 세계에는 '4차 산업혁명'이라는 새로운 물결이 일고 있습니다. 그동안 인류는 세 번의 큰 산업혁명을 경험했습니다. 과거 1차, 2차, 3차 산업혁명이 그러했듯이 4차 산업혁명도 우리의 삶에 큰 변화를 가져올 것입니다.

어린이 여러분은 4차 산업혁명이라고 하면 무엇이 떠오르나요?

대부분 인공지능, 빅데이터, 로봇, 사물인터넷, 증강현실(AR), 3D 프린팅과 같은 최신 기술을 생각하게 될 것입니다.

이 중에서 3D 프린팅은 4차 산업혁명 시대에 제조업의 혁신을 이끌어 갈 가장 주목받는 기술 중 하나입니다. 3D 프린터를 사용하는 사람들이 해마다 늘어나고 있으며, 우리 주위에서 3D 프린터를 활용한 제품들을 심심찮게 볼 수 있습니다. 예를 들어, 중국에서는 3D 프린터로 집을 만들었고 미국에서는 자동차를 제작하여 세상을 깜짝 놀라게 하였습니다.

이제 학교에서도 3D 프린터의 보급이 확산되어 이를 활용한 창작 수업이 활발하게 진행되고 있습니다. 또한 3D 프린터의 가격도 많이 저렴해져서 누구나 쉽게 구입할 수 있습니다. 따라서 컴퓨터, 인터넷 그리고 소프트웨어로 이어온 IT기술의 발전이 세상을 변화시키는 데 큰 영향을 미친 것처럼, 3D 프린팅 또한 가정, 학교, 사회 전반에서 큰 변화를 가져올 것입니다.

기존의 프린터가 종이에 평면(2D)을 인쇄하는 것이라면, 3D 프린터는 입체(3D)를 만들어 낼 수 있습니다. 여러분 가정에 있는 프린터는 좌우로 움직이는 X축과 앞뒤로 움직이는 Y축을 이용하여 선, 글, 그림을 인쇄하는 반면, 3D 프린터는 X축과 Y축을 기본으로 하고 위, 아래로 움직이는 Z축이 더해져 열에 녹인 재료를 한 층씩 쌓아 올리면서 입체적인 제품을 제작할 수 있습니다.

3D 프린팅을 위해서는 미리 모델링 작업, 즉 3D 설계도를 만들어 두어야 합니다.

이 책은 3D 모델링을 할 수 있는 다양한 프로그램 중에서 우리 초·중학생들도 쉽게 배우고 활용할 수 있는 틴커캐드(TinkerCAD)를 소개하고 있습니다. 틴커캐드는 별도의 프로그램 다운로드나 설치가 필요 없는 인터넷 기반의 무료 프로그램이며, 사용이 아주 쉽고 간편합니다.

이 책은 두 가지 특별한 점이 있습니다.

첫째, 학생들에게 조금 어려울 수 있는 3D 모델링을 쉽고 재미있게 시작할 수 있도록, 학생들에게 친숙한 이솝우화 '개미와 베짱이' 동화를 활용한 스토리텔링 방식을 적용하였습니다. 주요 줄거리는 개미와 베짱이가 '틴커월드'라는 낯선 별에 떨어졌고 봄, 여름, 가을, 겨울 계절이 바뀜에 따라 필요한 물건을 여러분들이 3D 모델링으로 만들어 도와주는 이야기입니다.

둘째, 컴퓨팅 사고력을 기를 수 있도록 하였습니다. 여러분은 스크래치나 엔트리를 활용한 SW 교육을 통해 컴퓨팅 사고력을 기를 수 있다는 것을 한 번쯤은 들어 보았을 것입니다. 이 책은 단순히 책의 내용을 따라 만들어 보는 것이 아니라 우리 주변에서 쉽게 볼 수 있는 사물을 '관찰하기 — 분해하기 — 재구성하기'의 과정을 통해 3D 모델링을 경험해 봄으로써 여러분들이 상상하는 모든 것을 직접 만들어 낼 수 있는 능력을 기를 수 있도록 하였습니다.

이 책을 통해 미래를 준비하기 위한 역량을 키우고, 자신의 꿈을 찾아 적극적으로 도전하는 어린이 여러분들이 더욱 많아지길 소망합니다.

감사합니다.

저자 드림

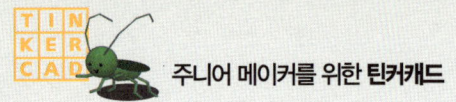

차 례 Contents

머리말 4

CHAPTER 1 틴커월드에 온 것을 환영합니다

1 틴커월드 들어가기 13

2 회원가입과 로그인하기 14

3 기본 기능 익히기 15

4 기본 기능 활용하기 22

5 친구들과 공유하기 32

CHAPTER 2 봄(Spring), 틴커월드에 봄이 오다

1 개미의 물뿌리개 만들기 37

2 베짱이의 기타 만들기 52

3 더 나아가기 62

 쉬어가기 빅데이터(Big Data) 66

CHAPTER 3 여름(Summer), 무더운 여름나기

1 개미의 무더위 쉼터 만들기 69

2 베짱이의 해변 만들기 83

3 더 나아가기 97

 쉬어가기 VR(가상현실), AR(증강현실) 101

자율주행자동차 102

 CHAPTER 4 가을(Autumn), 세상이 무르익다

1 개미의 곡식창고 만들기　105

2 베짱이의 공연무대 만들기　120

3 더 나아가기　134

 쉬어가기　IoT(사물인터넷)　138

 CHAPTER 5 겨울(Winter), 함께 피어나다

1 개미의 산타와 루돌프 만들기　141

2 베짱이의 트리 만들기　153

3 더 나아가기　165

 쉬어가기　웨어러블(Wearable)　169
　　　　　　　인공지능　170

 CHAPTER 6 안녕(Goodbye), 틴커월드

1 로켓 만들기　173

2 동상 만들기　181

3 3D 프린터로 출력하기　191

이 책에 나온 대로 따라 하면 누구나 쉽게 틴커캐드를 배울 수 있습니다.
틴커월드의 세계로 떠나 봅시다.

CHAPTER

1

틴커월드에
온 것을
환영합니다

1 틴커월드에 온 것을 환영합니다

1 틴커월드 들어가기

갑자기 여러분의 눈앞에 나타난 고양이는 자신을 비밀 요원 '냥이'라고 했어요. 냥이와 함께 개미와 베짱이를 도와주러 틴커월드로 들어가 보도록 해요. https://www.tinkercad.com에 접속해 보세요.

틴커캐드의 메인 화면은 자주 변경되니 그림과 달라도 놀라지 마세요.

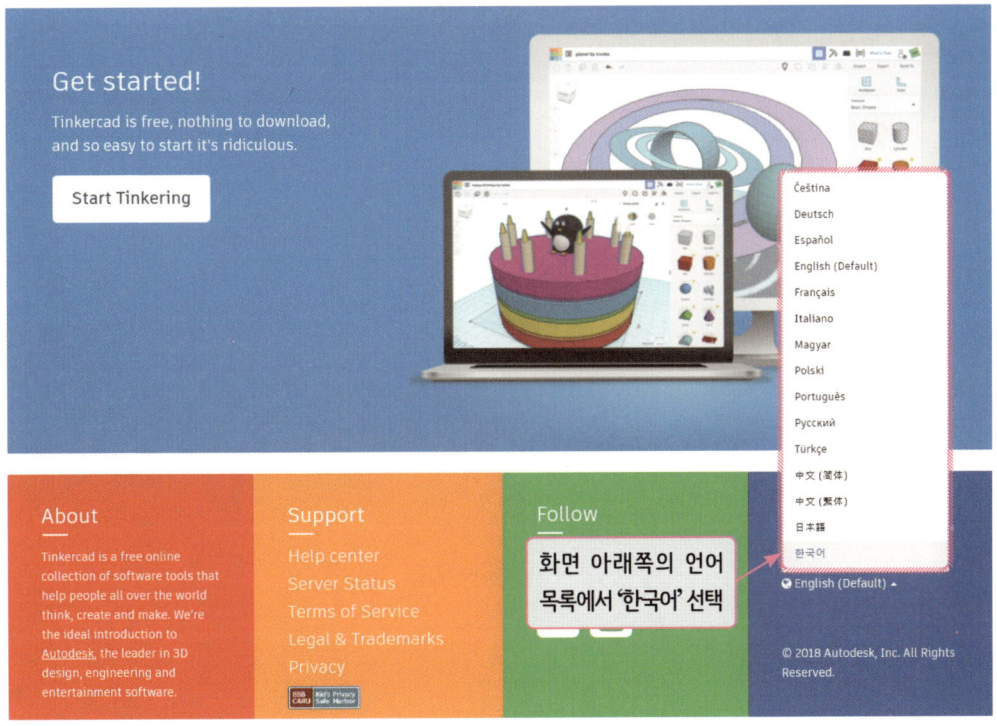

화면 아래쪽의 언어 목록에서 '한국어' 선택

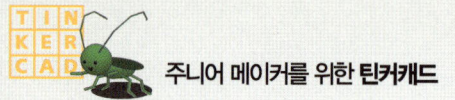

2. 회원가입과 로그인하기

페이스북, MS, 야후 계정이 있으면 바로 로그인 가능, 없으면 등록

부모님의 허락을 받고, 부모님의 생일을 입력해봐요.

만약 여러분의 생일을 입력하려면 부모님의 메일 계정이 필요해요.

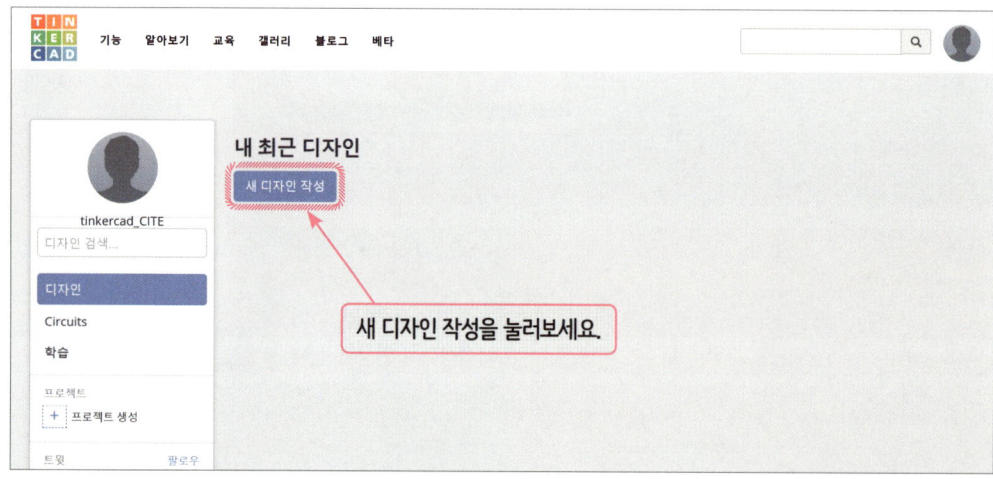

새 디자인 작성을 눌러보세요.

 틴커월드에 온 것을 환영합니다

 기본 기능 익히기

짠~ 드디어 틴커월드로 워프에 성공했어요! 우리는 아무것도 없는 이곳 틴커월드에 지구에 있던 세상을 프린팅해서 개미와 베짱이가 살 수 있도록 도와줄 거예요.

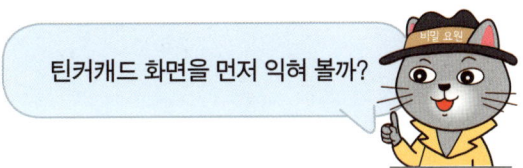

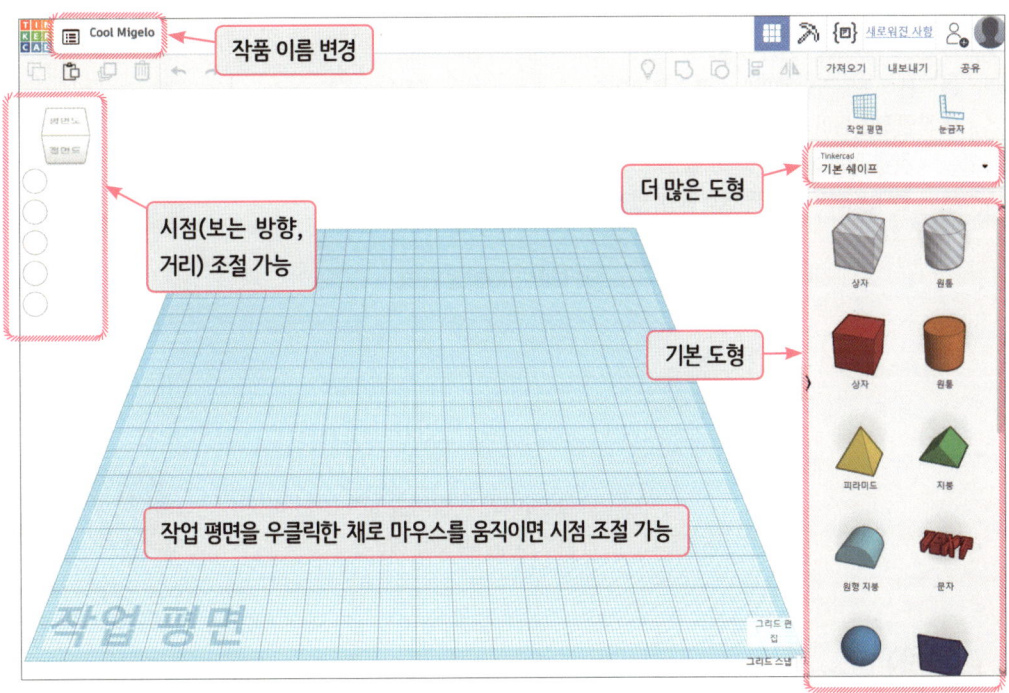

틴커캐드 작업화면 1

오른쪽의 여러 가지 도형 중에 빨간색 정육면체를 작업 평면으로 끌고 와(드래그 앤 드롭) 봅시다.

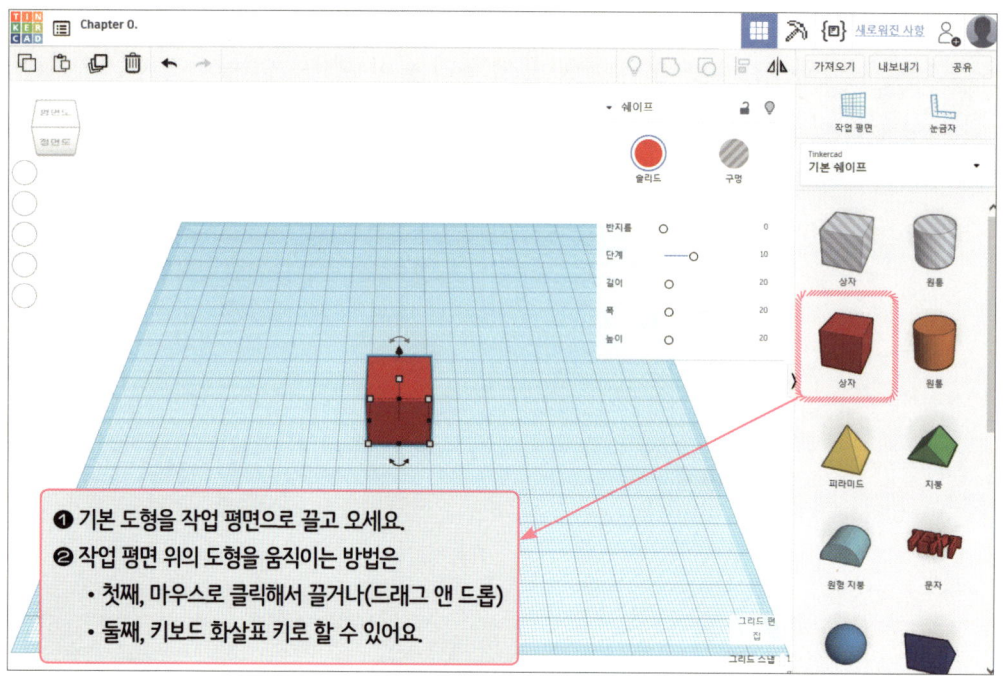

틴커캐드 작업화면 2

잠깐! 개미와 베짱이를 도우려면 몇 가지 기본 기술을 배워야 해!

다음 페이지에 나오는 7가지 기술을 익히면 틴커월드 '초보 요원'이 될 수 있다고~

1 도형 크기 조절하기

2 도형 색깔 바꾸기

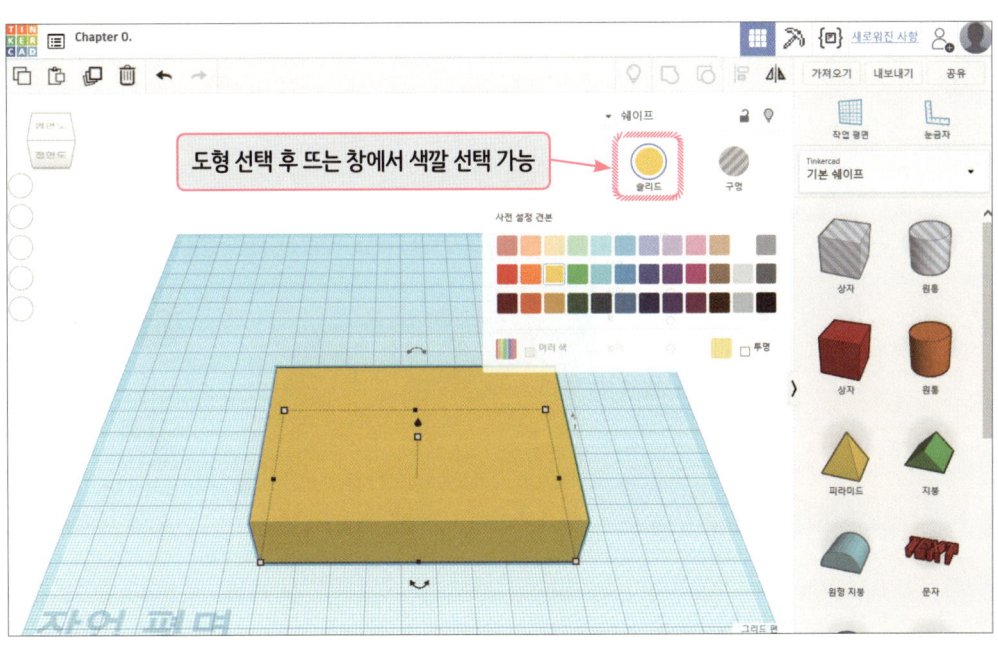

3 도형 회전하기

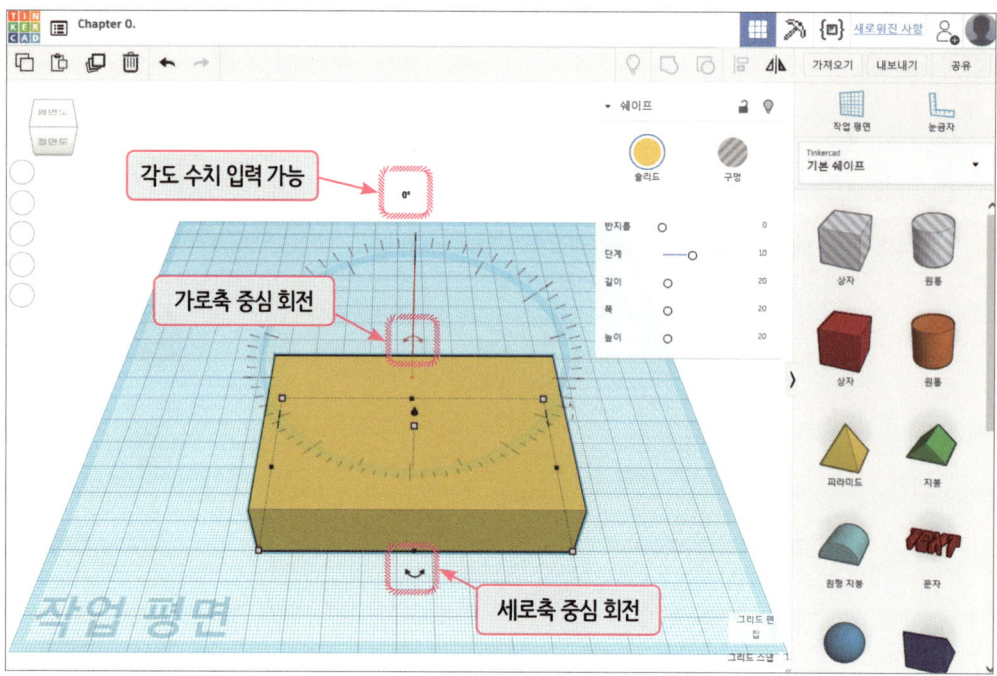

4 도형 상승하고 하강하기

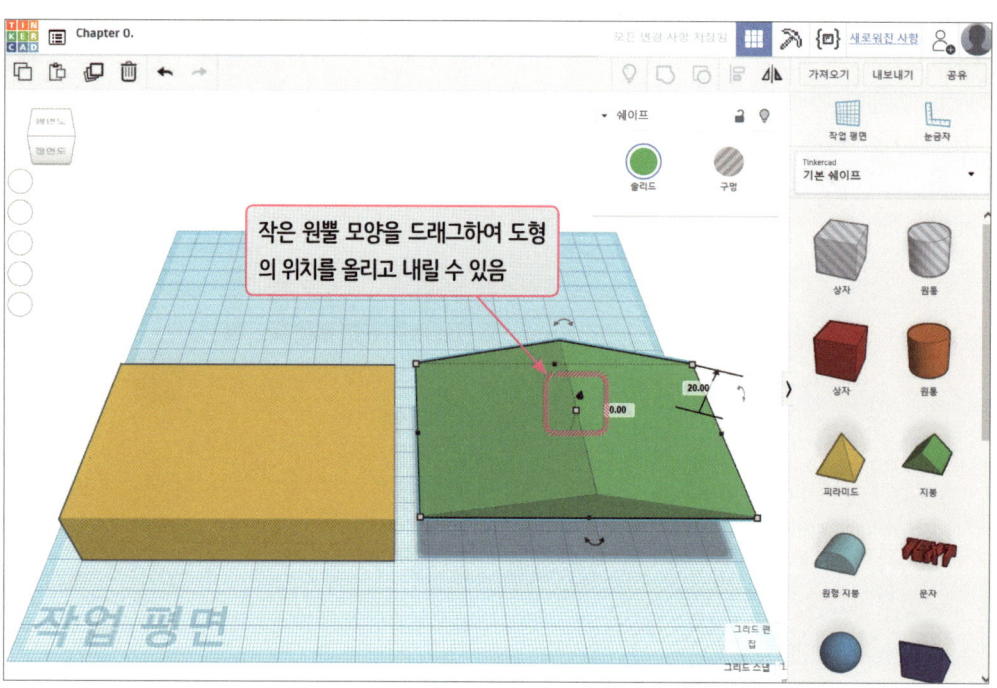

5 그룹 만들기

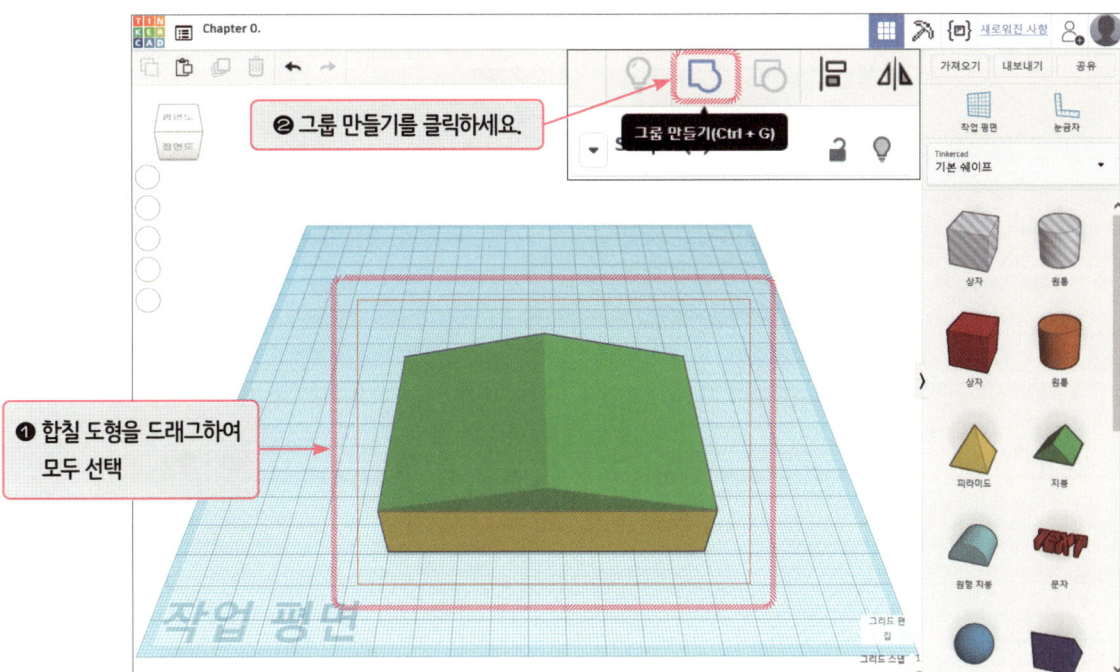

'그룹 만들기'는 계속 쓰이니 잘 알아두어야 해. Shift를 누른 채로 합칠 도형들을 클릭한 다음 그룹으로 묶어도 된단다.

그룹을 만들었다가 다시 원래대로 분리하려면 '그룹 만들기' 오른쪽에 있는 '그룹 해제'를 클릭하면 돼.

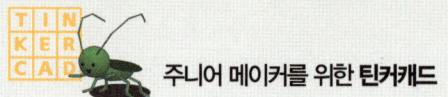

6 도형 구멍 뚫기 & 자르기

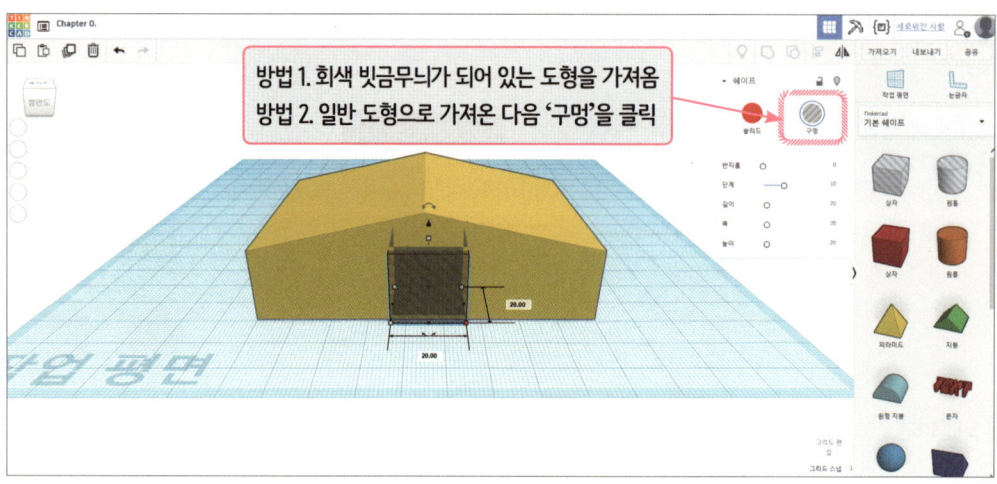

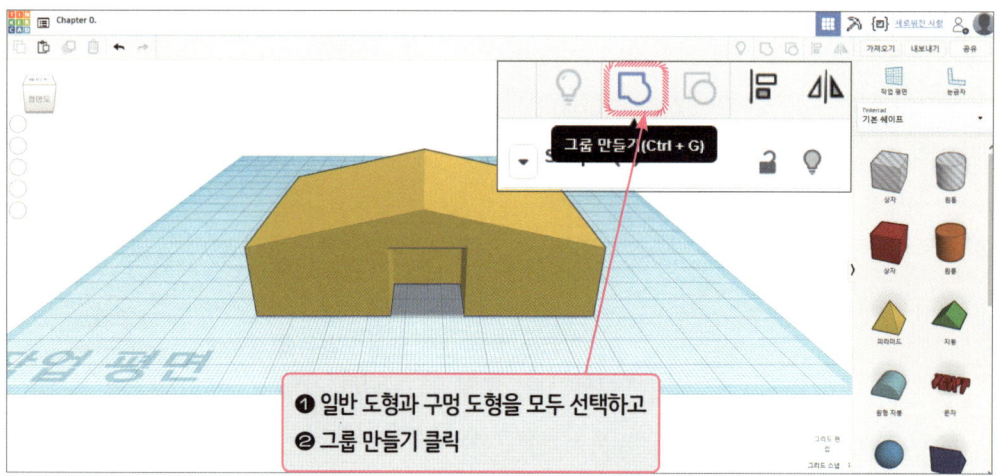

7 도형 복사, 삭제하기

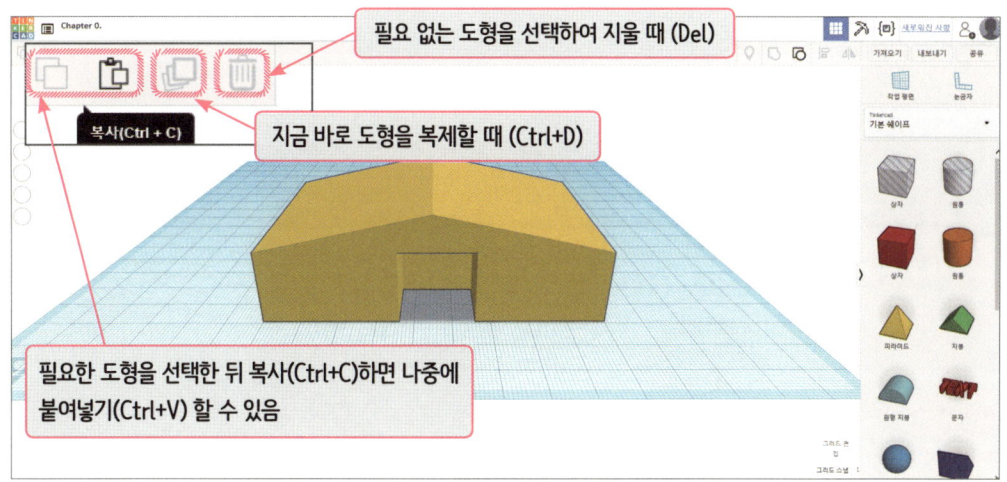

아, 물론 아직까지 '초보 요원'일 뿐이니까 너무 잘난 척은 하지 말라고~

멋져! 드디어 '초보 요원'의 자격을 갖추었어. 이렇게 잘 따라와 주다니 정말 대단해.

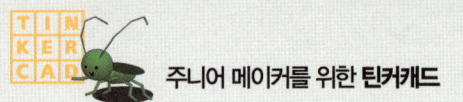

4 기본 기능 활용하기

MISSION 1 아무것도 없이 틴커월드에 떨어진 개미는 집이 필요합니다. 개미에게 집과 가구를 만들어 주세요.

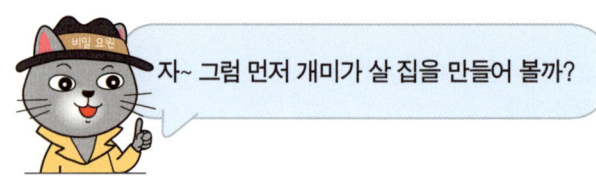

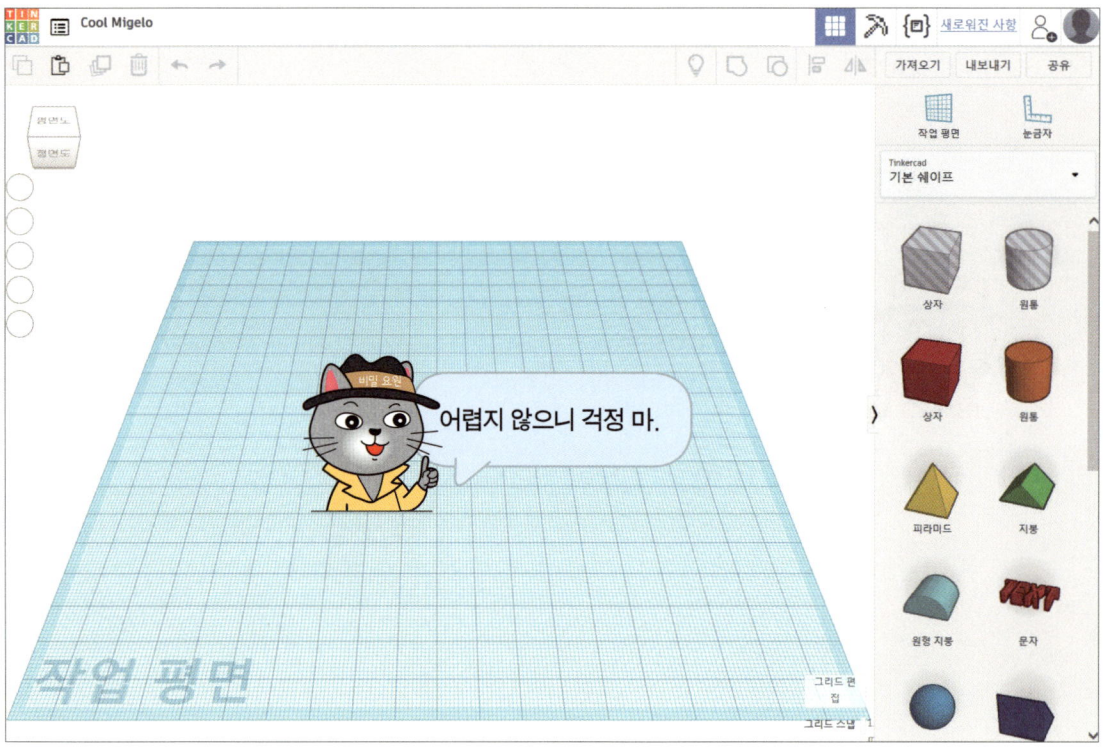

1

틴커월드에 온 것을 환영합니다

우선 가구부터 만들어 볼까?
개미가 동화 나라에서 쓰던 디자인을 한번
살펴보자. 성격대로 소박하군. ^^

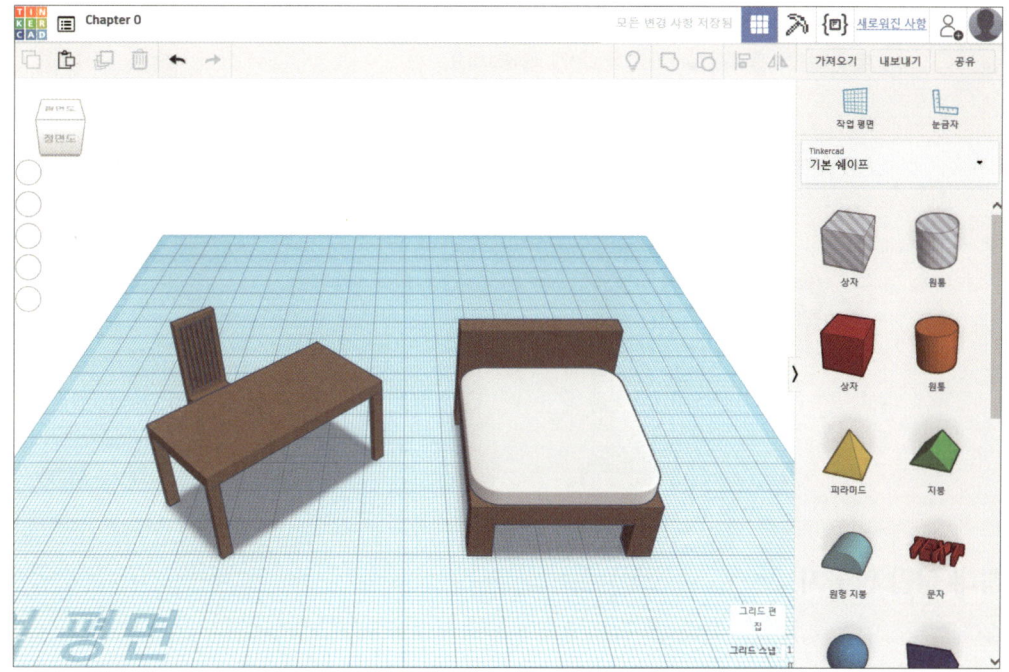

먼저 나와 함께 침대를 만들어 보자.
차근차근 따라 하면 어렵지 않아.

23

1 침대 다리 만들기

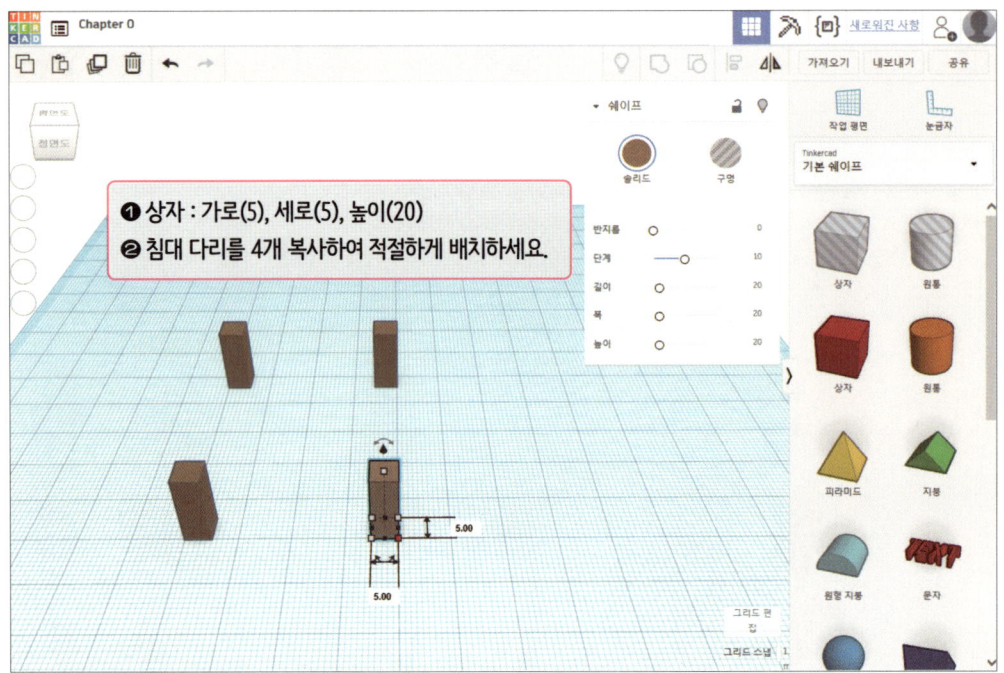

2 침대 상판 만들기

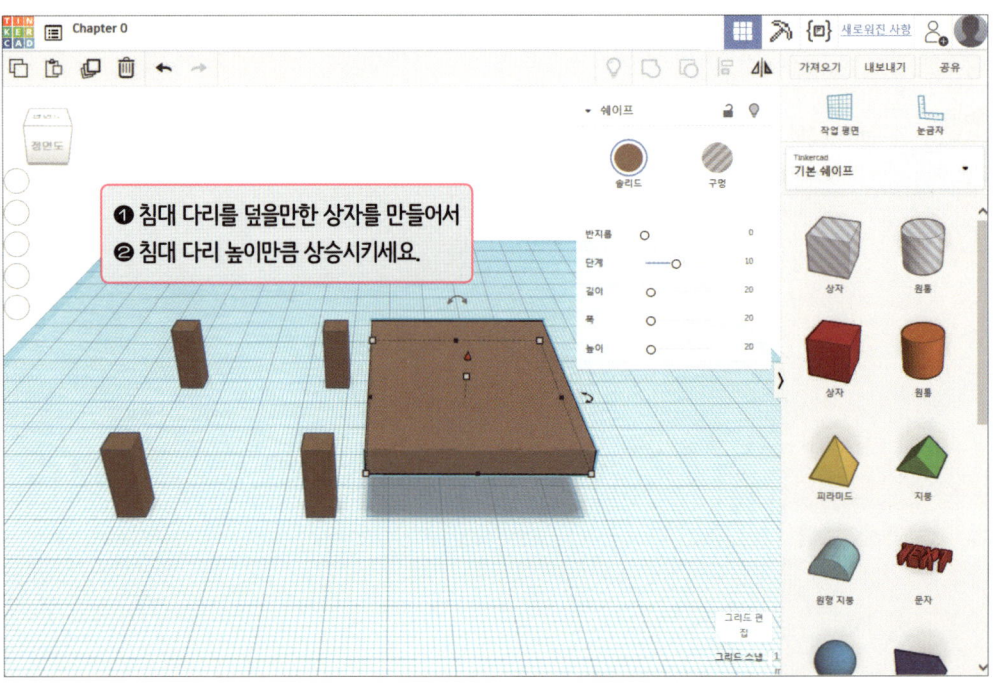

3 침대 머리 만들기

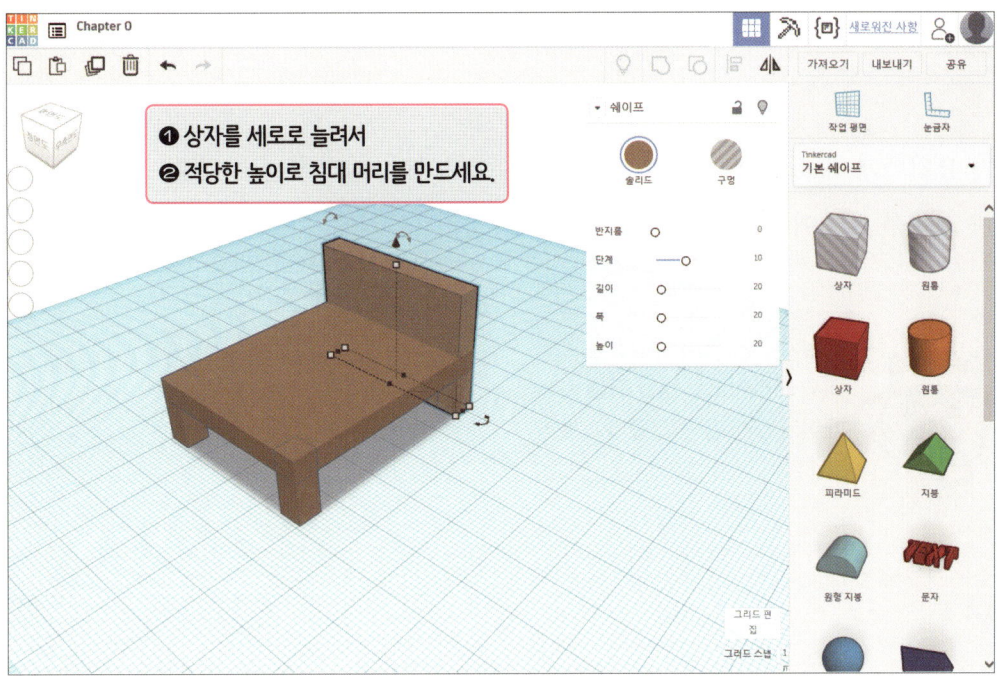

❶ 상자를 세로로 늘려서
❷ 적당한 높이로 침대 머리를 만드세요.

4 매트리스 만들기

❶ 상자를 편평하게 늘린 다음
❷ 반지름과 단계를 조절하여 모서리를 둥글게 만드세요.

❸ 매트리스를 상승시켜서 침대 위에 올리세요.

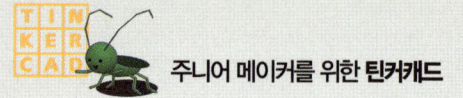

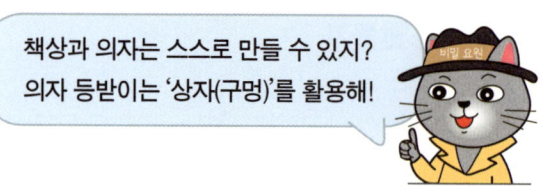

냥이 요원에게 배운 기본 기술로 침대를 만든 것처럼, 이번에는 여러분 스스로 침대 옆에 책상과 의자를 만들어 보세요.

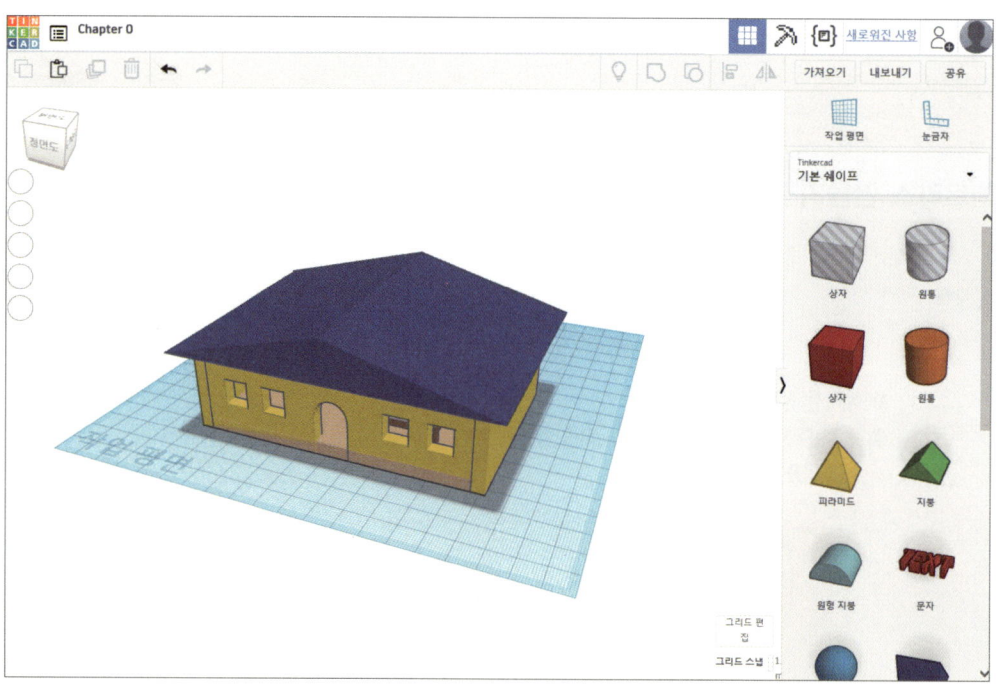

1 바닥 만들기

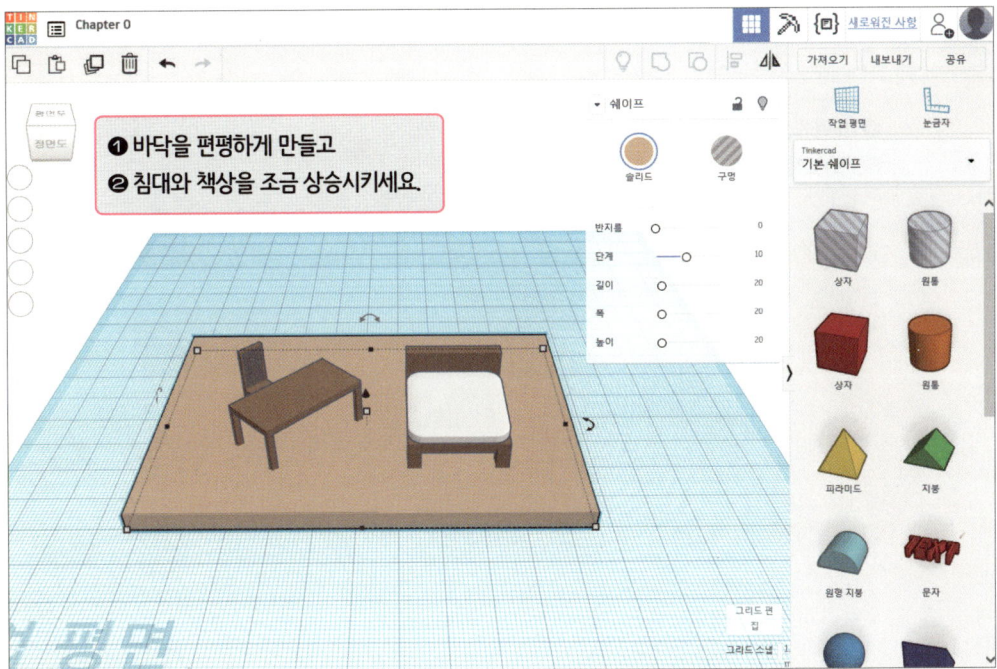

2 가로 벽 만들기

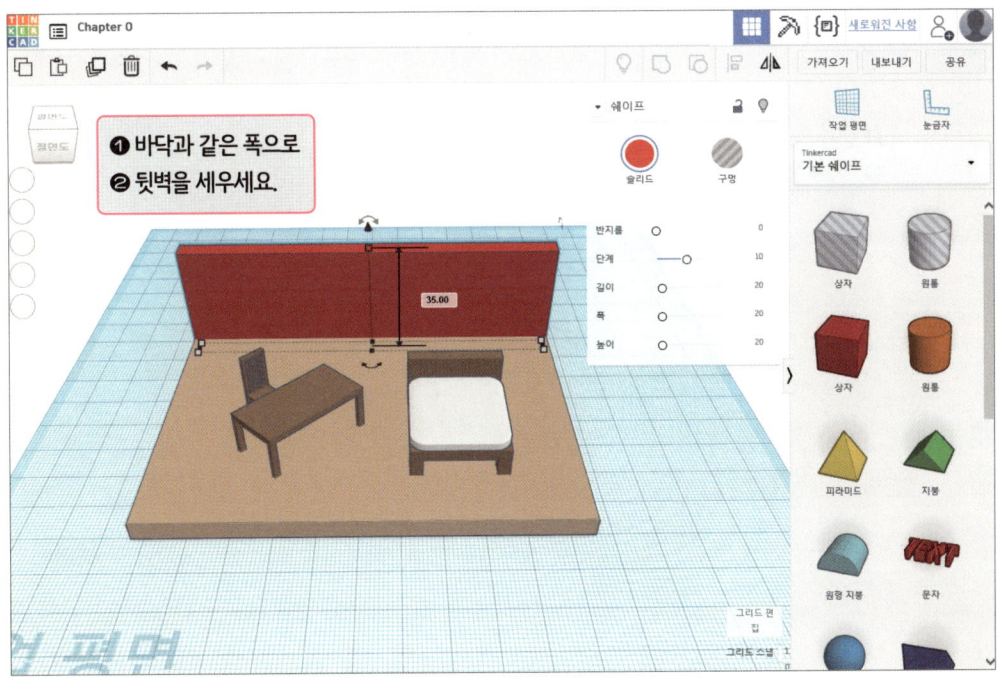

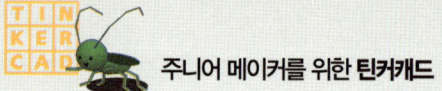

3 세로 벽 만들기

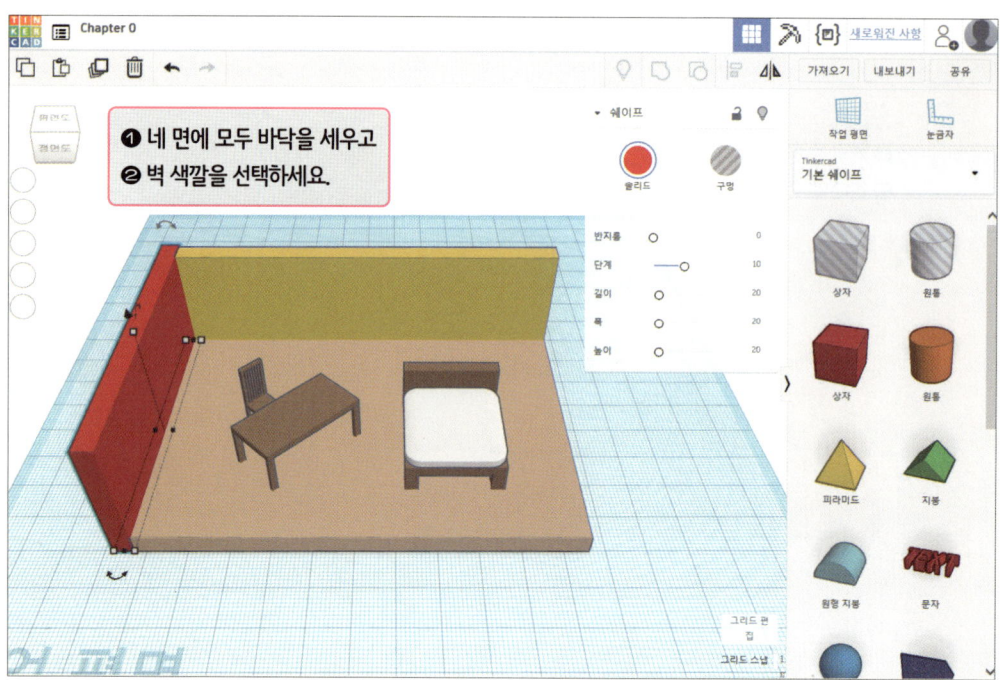

❶ 네 면에 모두 바닥을 세우고
❷ 벽 색깔을 선택하세요.

4 문 모양 만들기

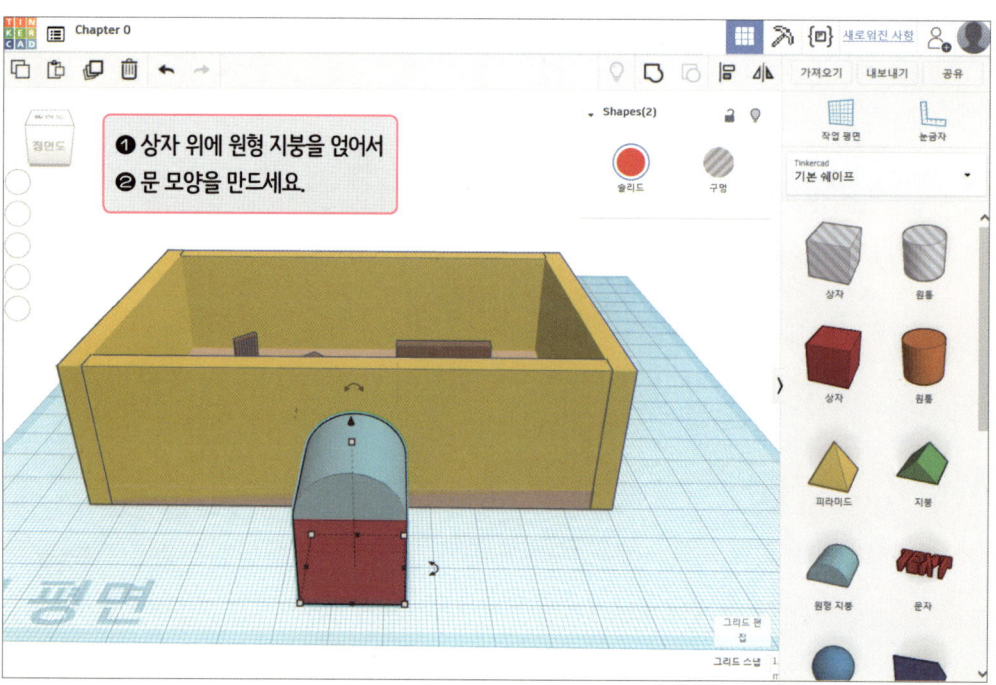

❶ 상자 위에 원형 지붕을 얹어서
❷ 문 모양을 만드세요.

5 구멍으로 변환하기

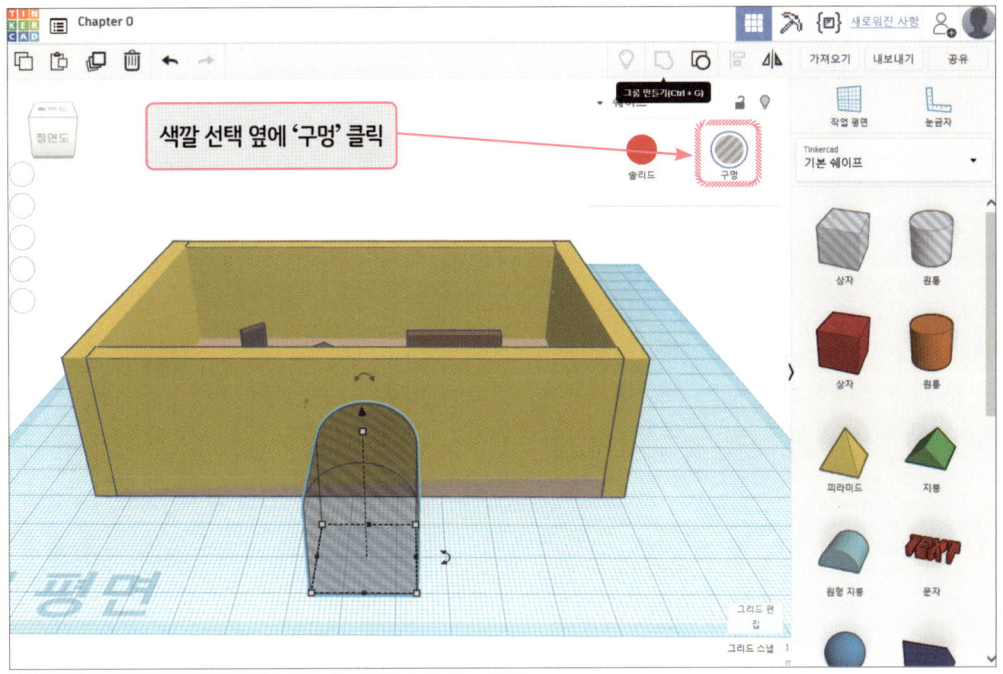

6 문 뚫기

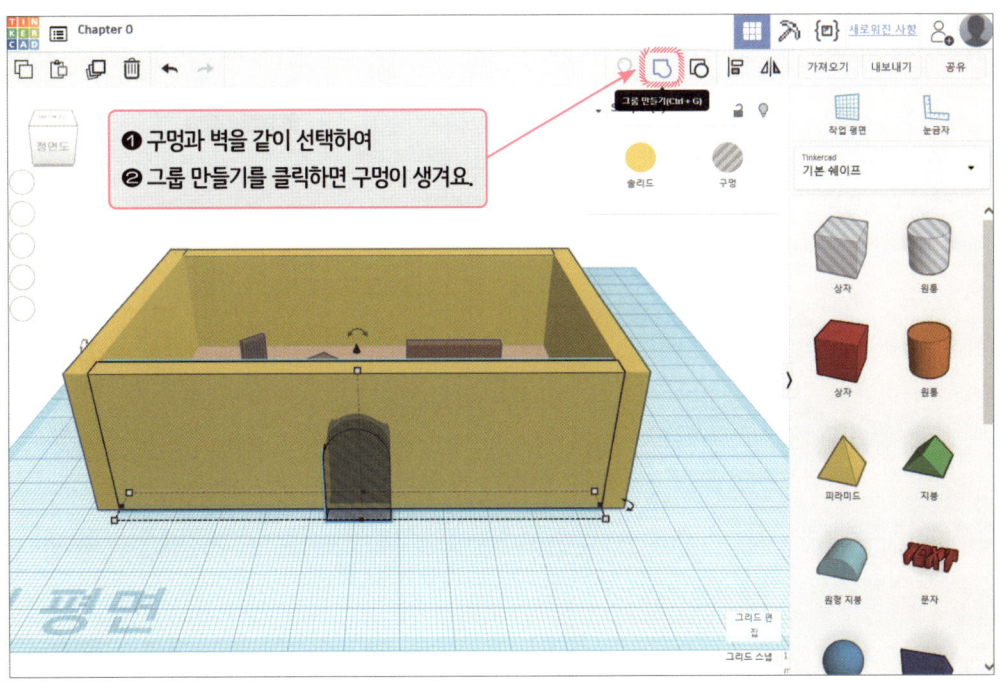

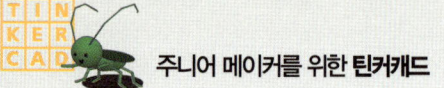

7 창문 뚫기

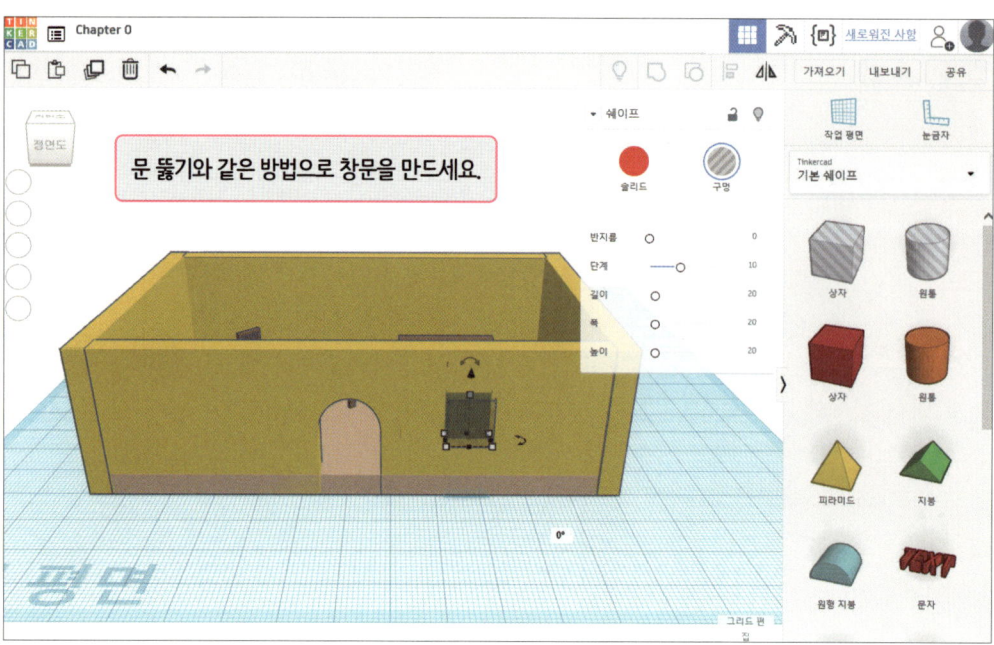

8 지붕 얹기

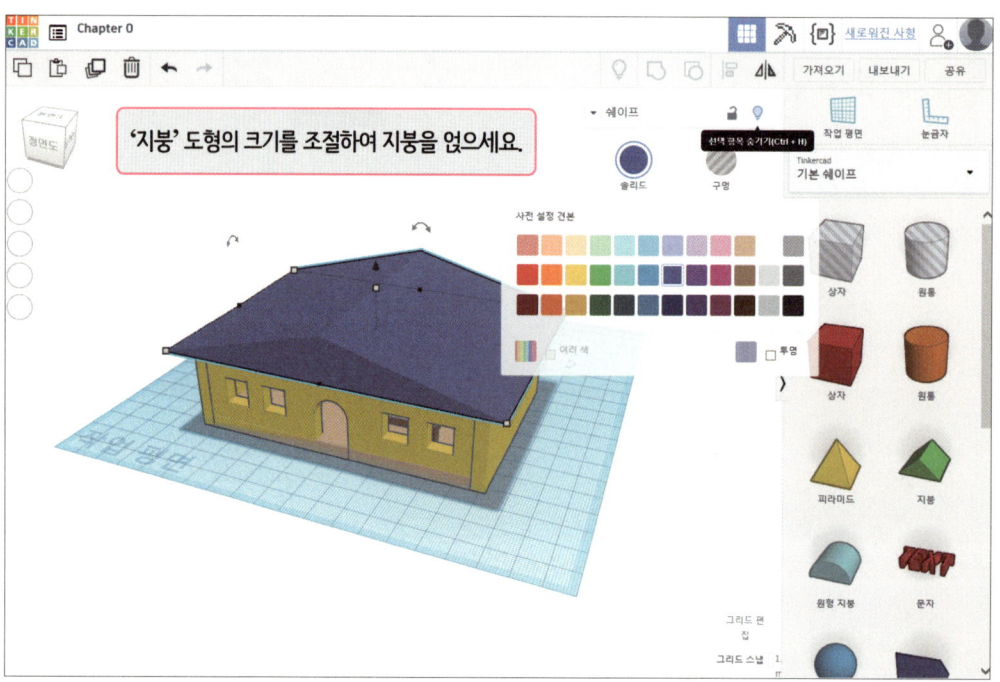

MISSON 2. 베짱이에게도 집과 가구를 만들어 주세요.

튼튼한 개미의 집이 완성되었네~
베짱이가 질투하기 전에 베짱이 집도 멋지게
지어 줘~ 베짱이가 너무 좋아할 거야~♪

베짱이 집 스케치하기

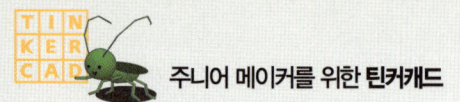 주니어 메이커를 위한 **틴커캐드**

5 친구들과 공유하기

 개미와 베짱이의 집을 잘 지어 주었어. 누가 가르쳤는지 몰라도 좋은 스승을 두었군! 하하하!

다른 요원들이 너의 디자인을 검색해 볼 수 있도록 공유하는 방법을 알려 줄게.

1 설정 들어가기

❶ '내 설계' 클릭
❷ 톱니 모양 클릭

2 공유 설정하기

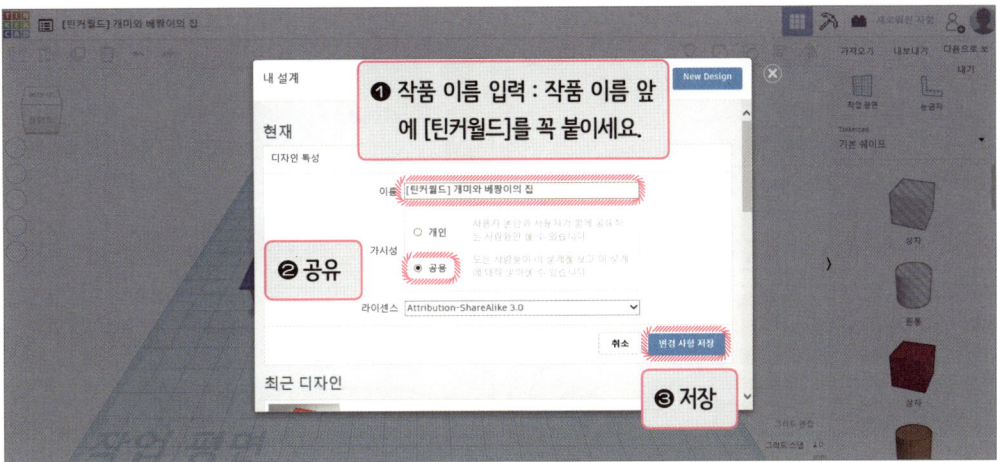

3 갤러리 검색하기

작품 이름의 첫 부분에 [틴커월드]를 붙이면 내 작품을 다른 사람들이 쉽게 찾아볼 수 있고, 다른 사람의 작품도 쉽게 찾아볼 수 있어요.

TINKER CAD

CHAPTER

봄(Spring), 틴커월드에 봄이 오다

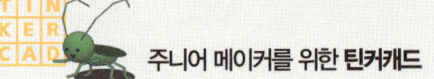

봄(Spring), 틴커월드에 봄이 오다

1 개미의 물뿌리개 만들기

| 봄 1

MISSON 3 개미가 새싹에 물을 주는 데 필요한 물뿌리개를 만들어 주세요.

구상하기

지구별에 있는 물뿌리개를 관찰해 봅시다.

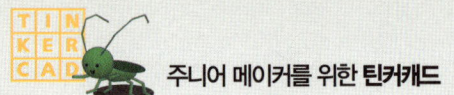

 분해하기

나는 이 모양이 마음에 들어~
어떤 기본 도형들이 합쳐져 있는지 한번 찾아볼까?

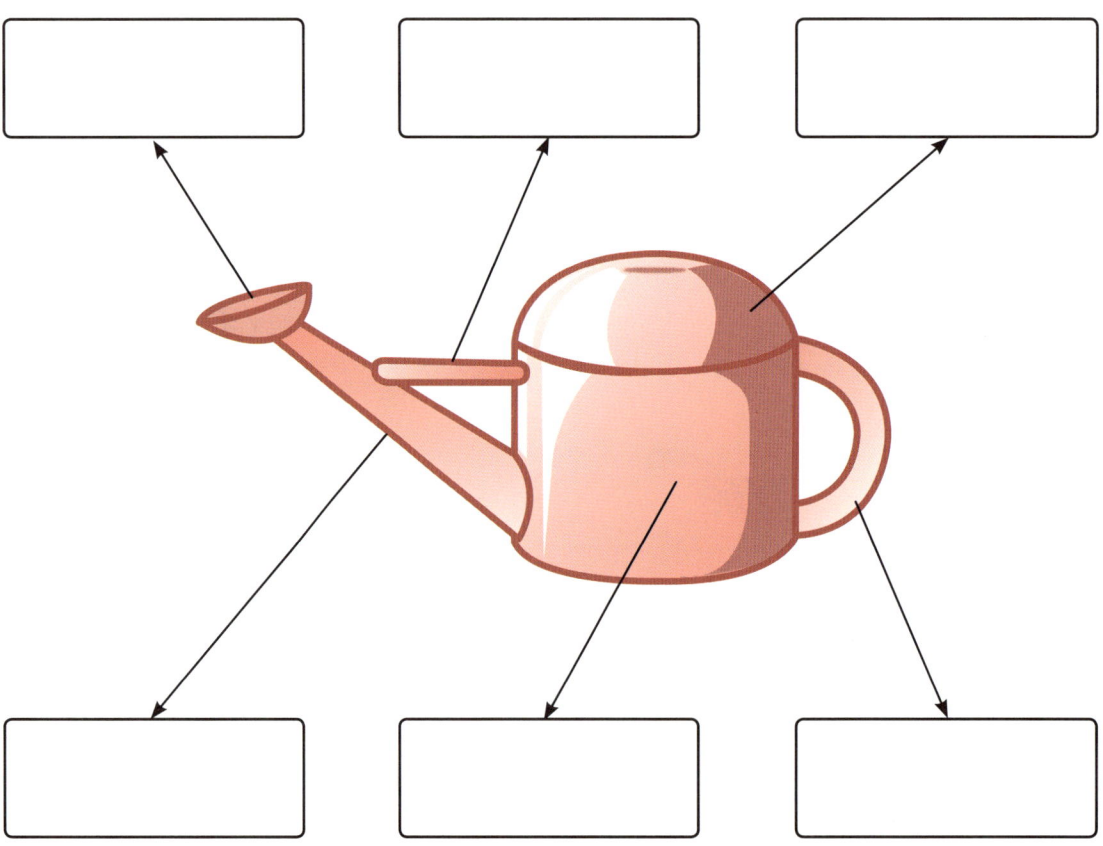

기본 도형으로 분해하기

2 봄(Spring), 틴커월드에 봄이 오다

설마 그 사이에 기본 도형을 잊어버린 것은 아니겠지?
다시 한번 알려 줄게. ^^

상자	원통	피라미드	지붕
원형 지붕	문자	구	쐐기
원추	반구	폴리곤	포물면
토러스	튜브	하트	별

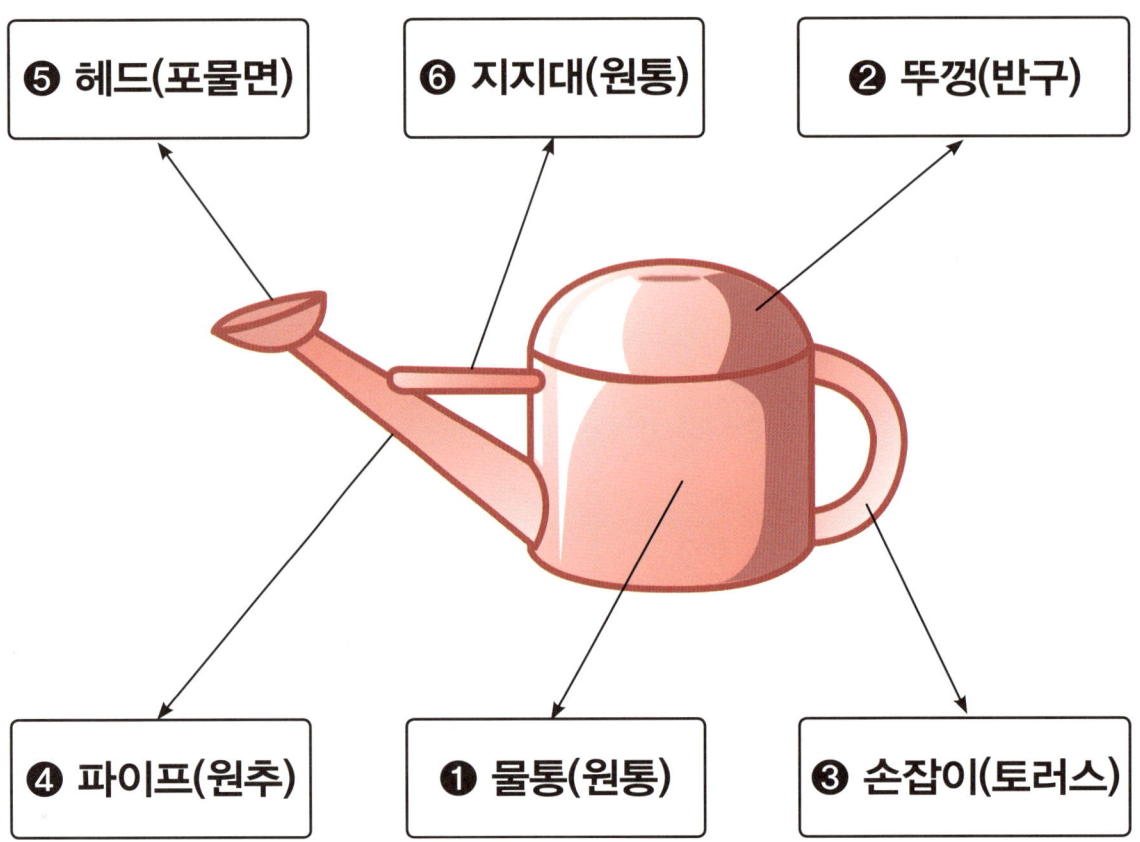

❸ 토러스는 절반으로 잘라서 사용하자.
❹ 원추는 길게 늘인 다음 끝부분을 자르자.
❺ 포물면은 뒤집으면 되겠네.
❻ 원통은 얇고 길게 늘이자.

봄(Spring), 틴커월드에 봄이 오다

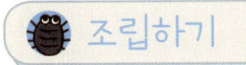

1 물통 만들기

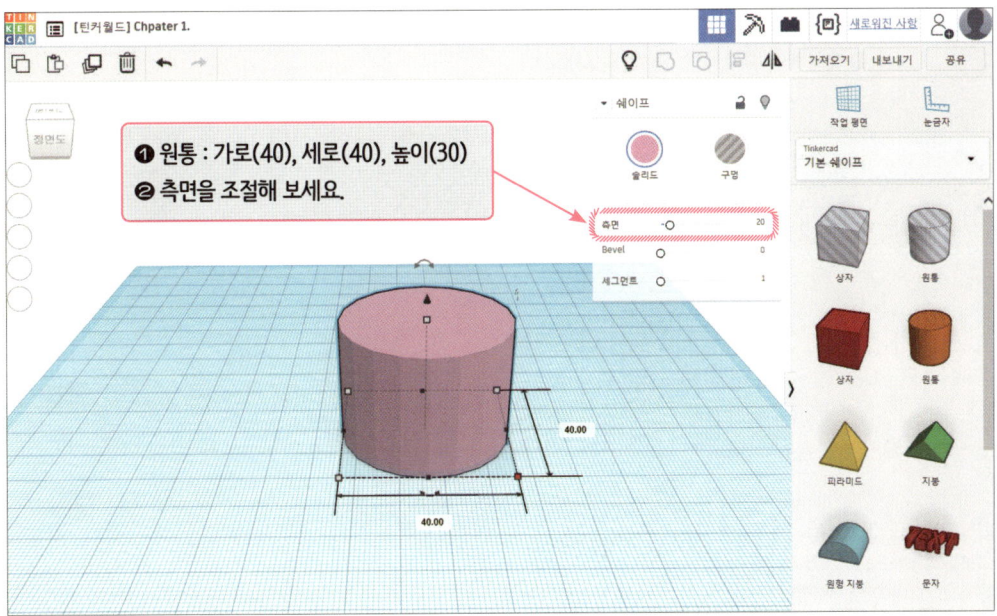

2 뚜껑 올리기

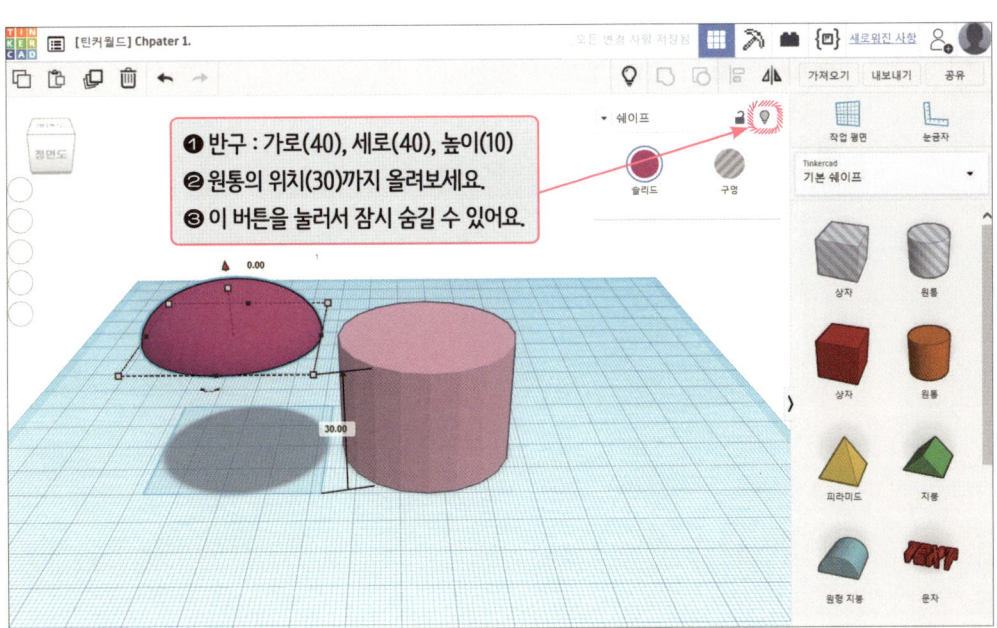

3 손잡이 만들기

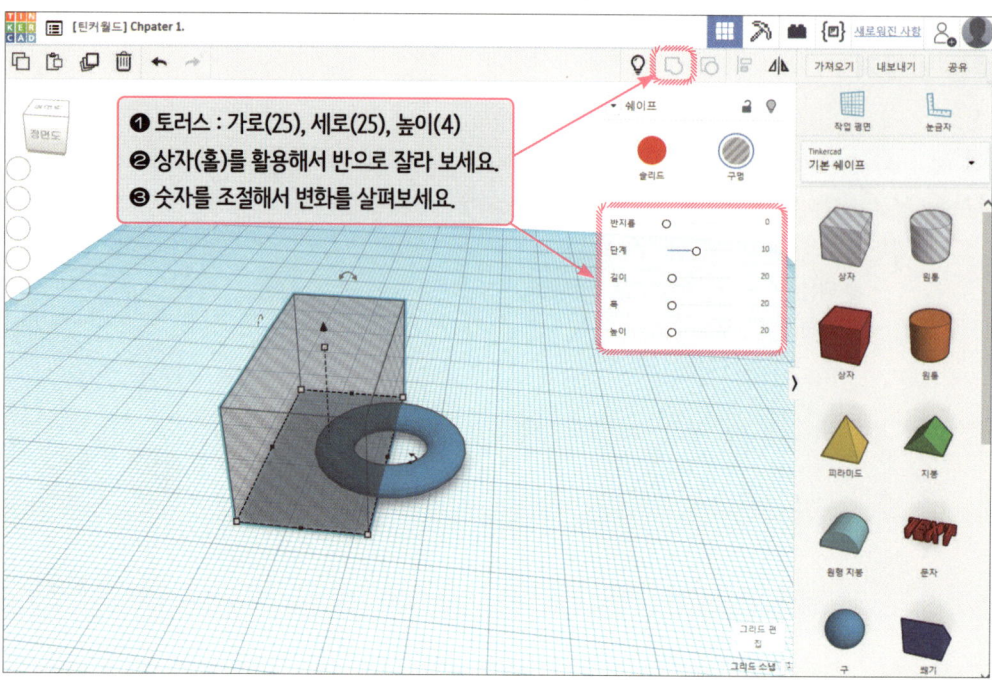

❶ 토러스 : 가로(25), 세로(25), 높이(4)
❷ 상자(홀)를 활용해서 반으로 잘라 보세요.
❸ 숫자를 조절해서 변화를 살펴보세요.

4 손잡이 돌리기

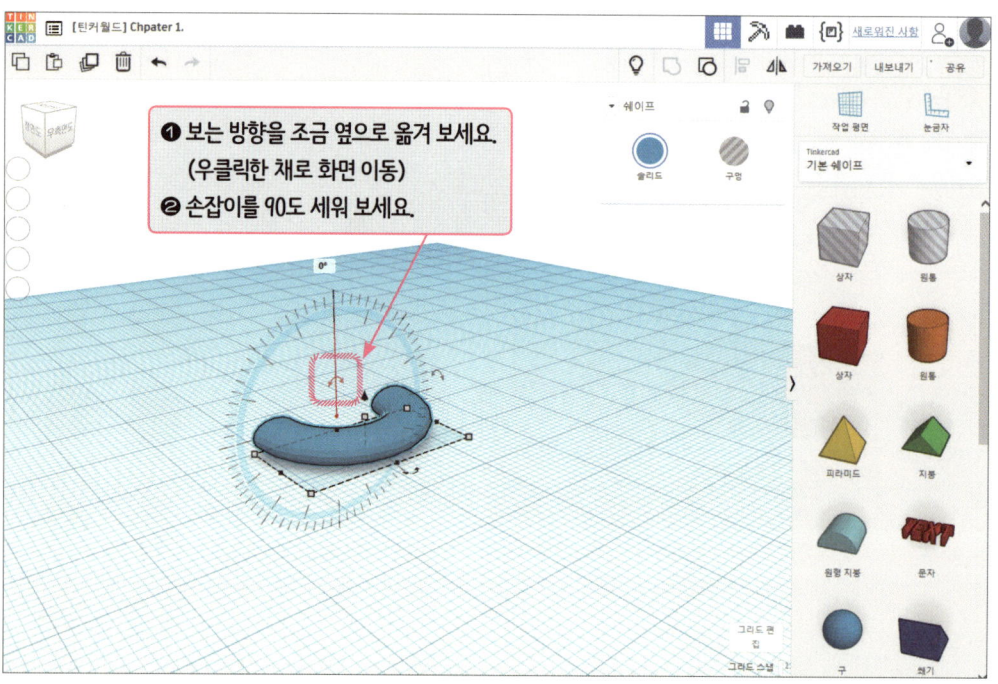

❶ 보는 방향을 조금 옆으로 옮겨 보세요.
 (우클릭한 채로 화면 이동)
❷ 손잡이를 90도 세워 보세요.

5 손잡이 배치하기

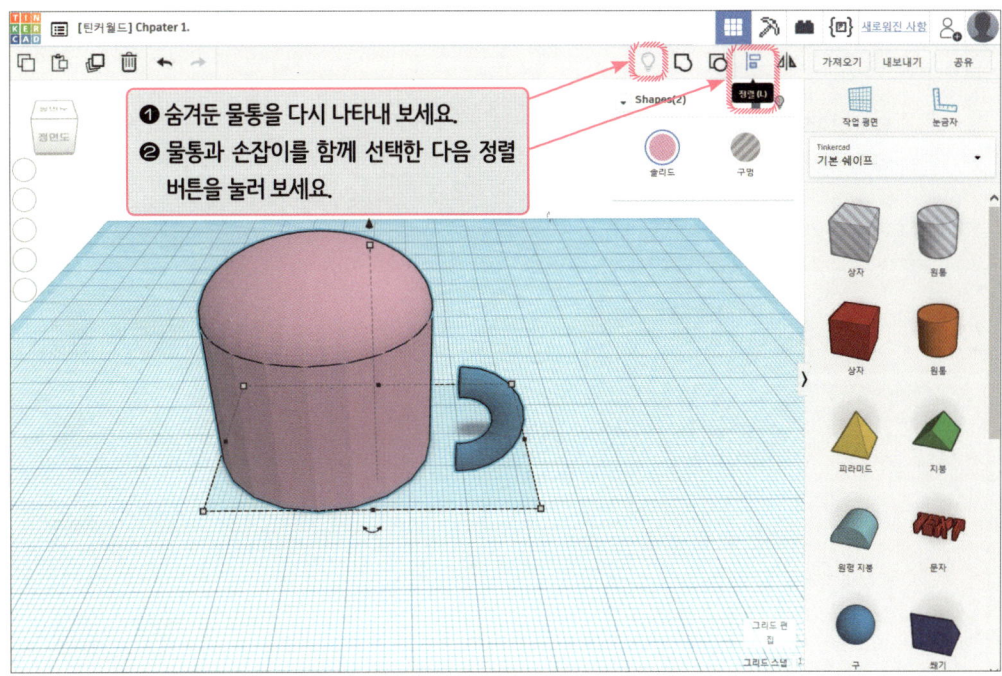

❶ 숨겨둔 물통을 다시 나타내 보세요.
❷ 물통과 손잡이를 함께 선택한 다음 정렬 버튼을 눌러 보세요.

6 손잡이 정렬하기

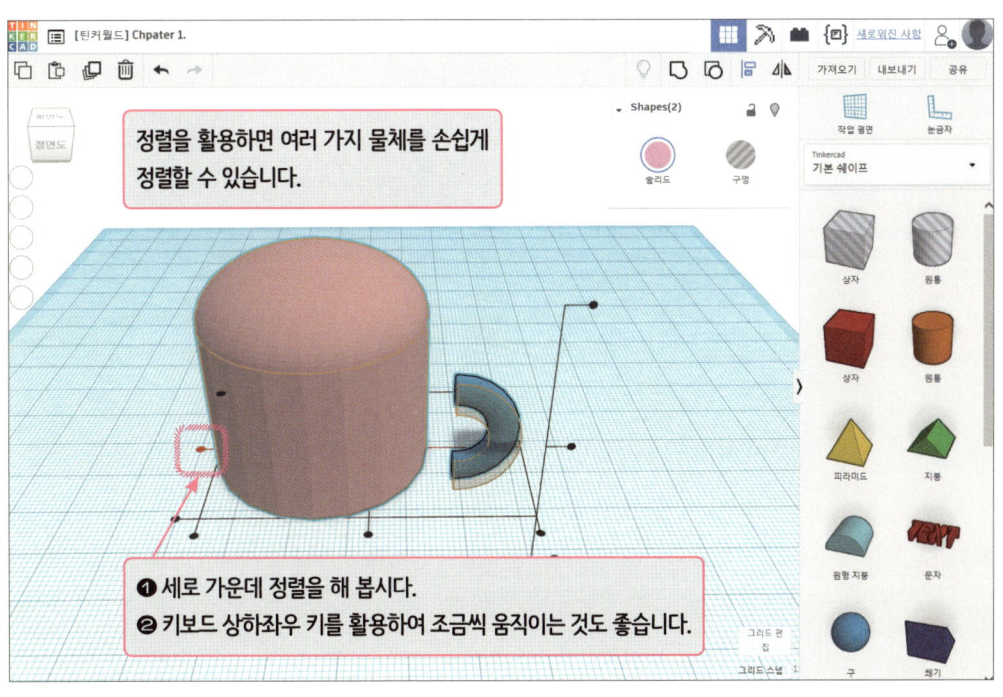

정렬을 활용하면 여러 가지 물체를 손쉽게 정렬할 수 있습니다.

❶ 세로 가운데 정렬을 해 봅시다.
❷ 키보드 상하좌우 키를 활용하여 조금씩 움직이는 것도 좋습니다.

7 손잡이 완성

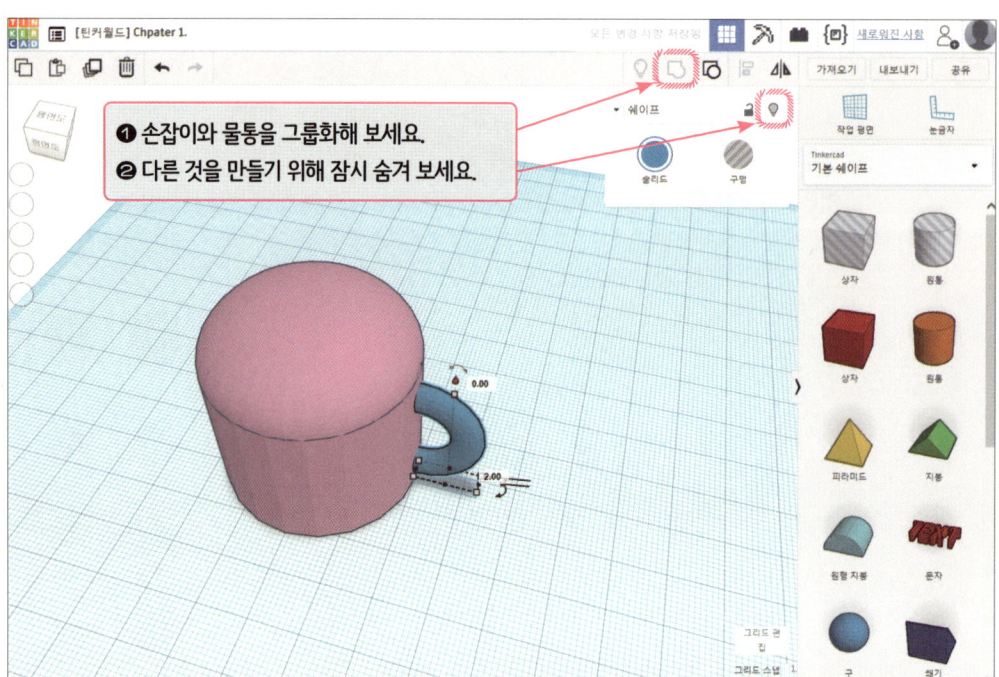

8 파이프 만들기

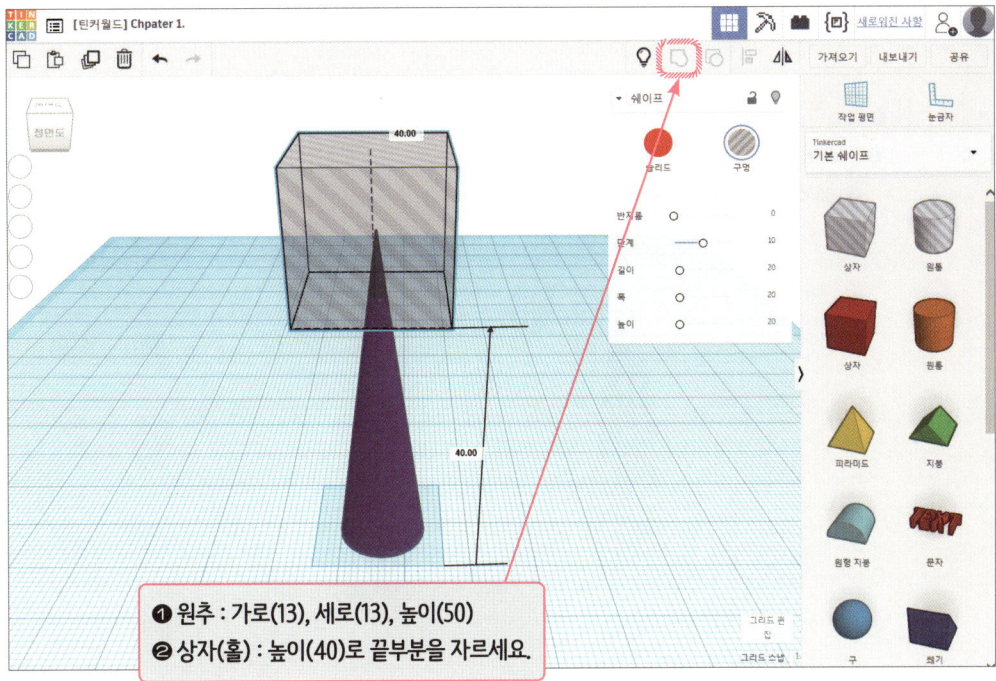

❶ 원추 : 가로(13), 세로(13), 높이(50)
❷ 상자(홀) : 높이(40)로 끝부분을 자르세요.

9 헤드 만들기

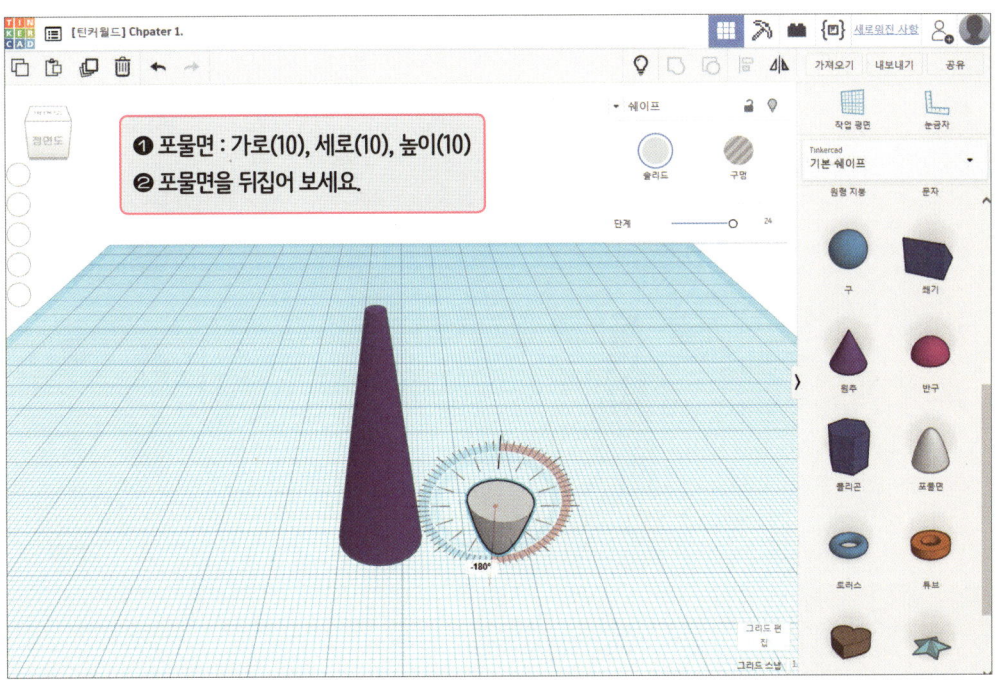

❶ 포물면 : 가로(10), 세로(10), 높이(10)
❷ 포물면을 뒤집어 보세요.

10 헤드 높이 조절

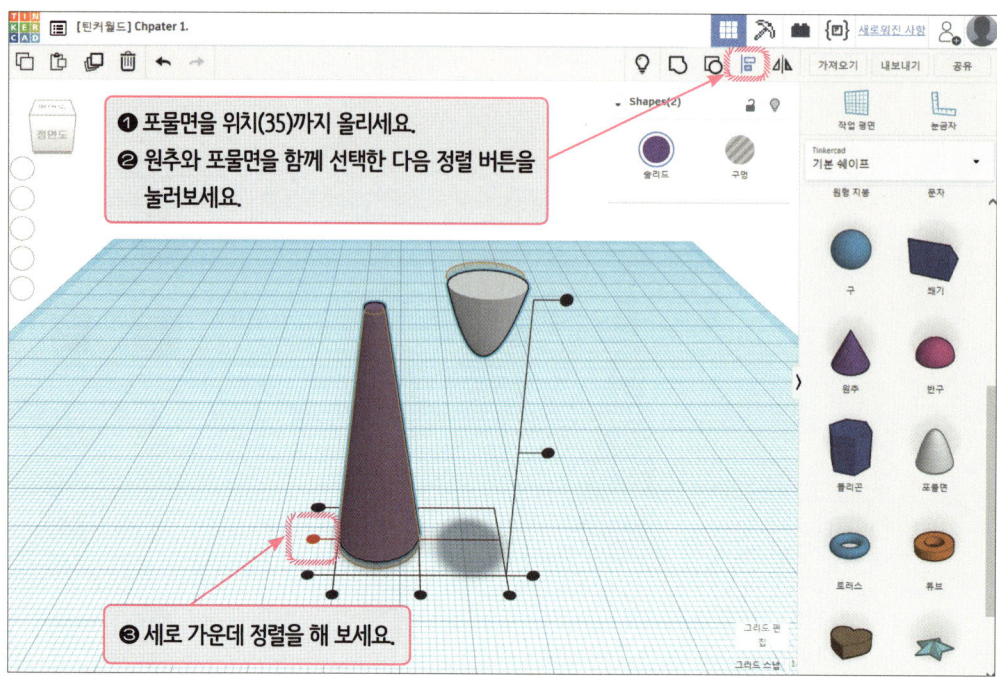

11 헤드 정렬하기

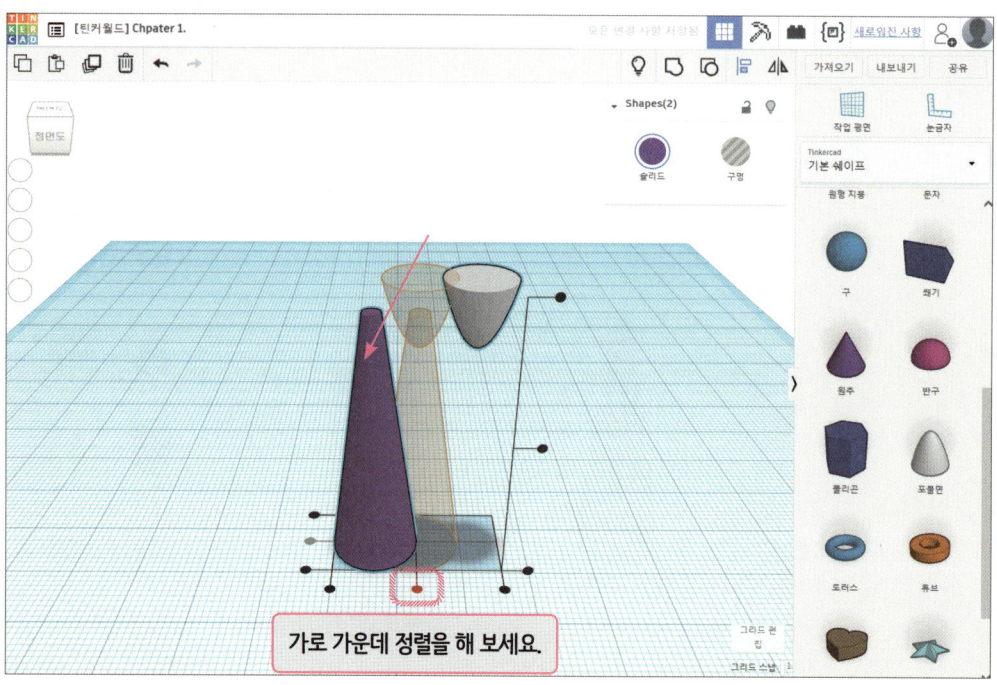

12 헤드 완성

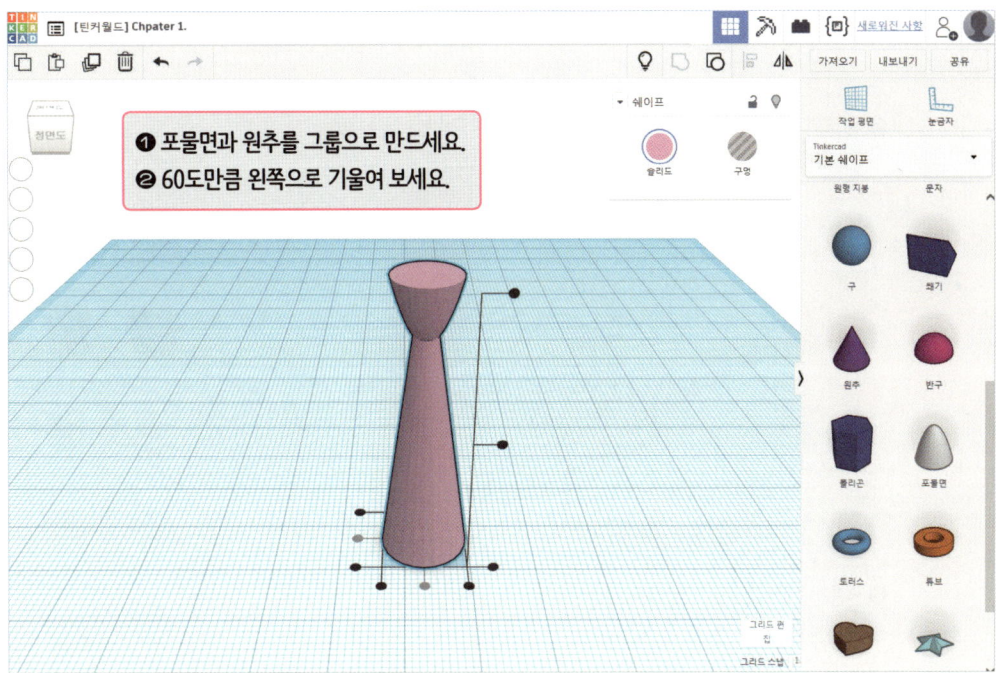

❶ 포물면과 원추를 그룹으로 만드세요.
❷ 60도만큼 왼쪽으로 기울여 보세요.

13 몸통과 헤드 결합

❶ 숨겨둔 몸통을 다시 나타내 보세요.
❷ 몸통과 헤드를 함께 선택한 다음 정렬 버튼을 눌러 보세요.
❸ 세로 가운데 정렬을 해 보세요.

14 지지대 만들기

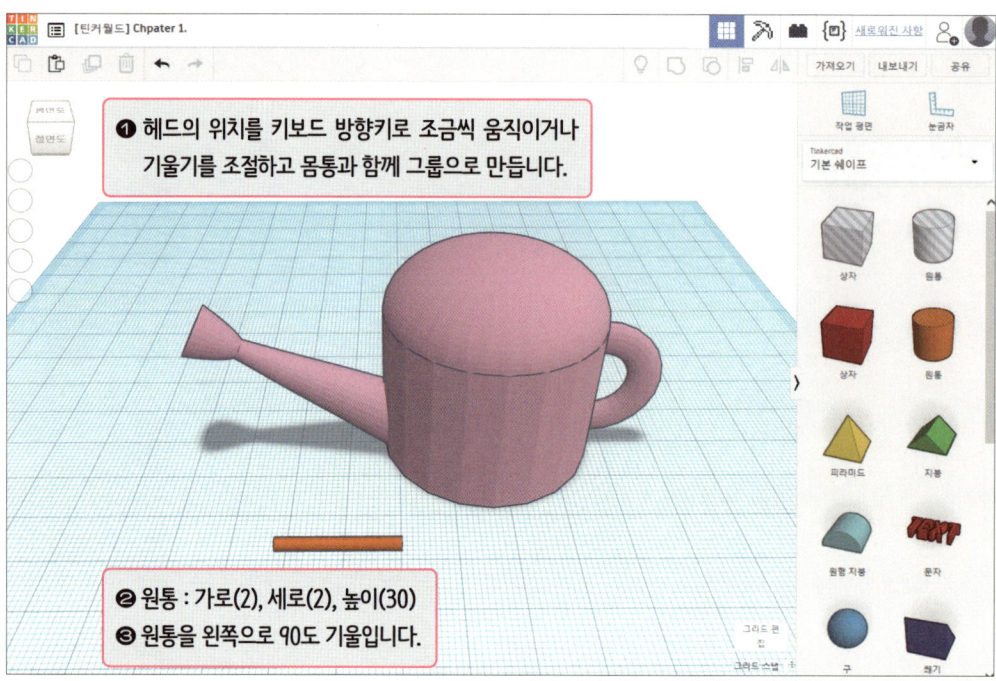

❶ 헤드의 위치를 키보드 방향키로 조금씩 움직이거나 기울기를 조절하고 몸통과 함께 그룹으로 만듭니다.

❷ 원통 : 가로(2), 세로(2), 높이(30)
❸ 원통을 왼쪽으로 90도 기울입니다.

15 지지대 정렬하기

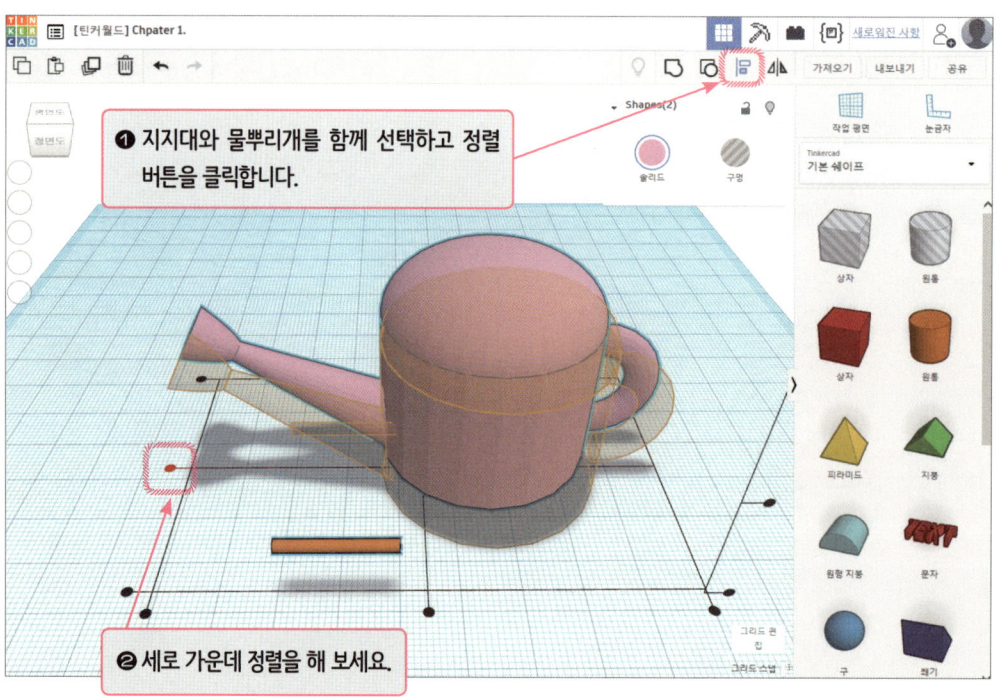

❶ 지지대와 물뿌리개를 함께 선택하고 정렬 버튼을 클릭합니다.

❷ 세로 가운데 정렬을 해 보세요.

16 지지대 조절

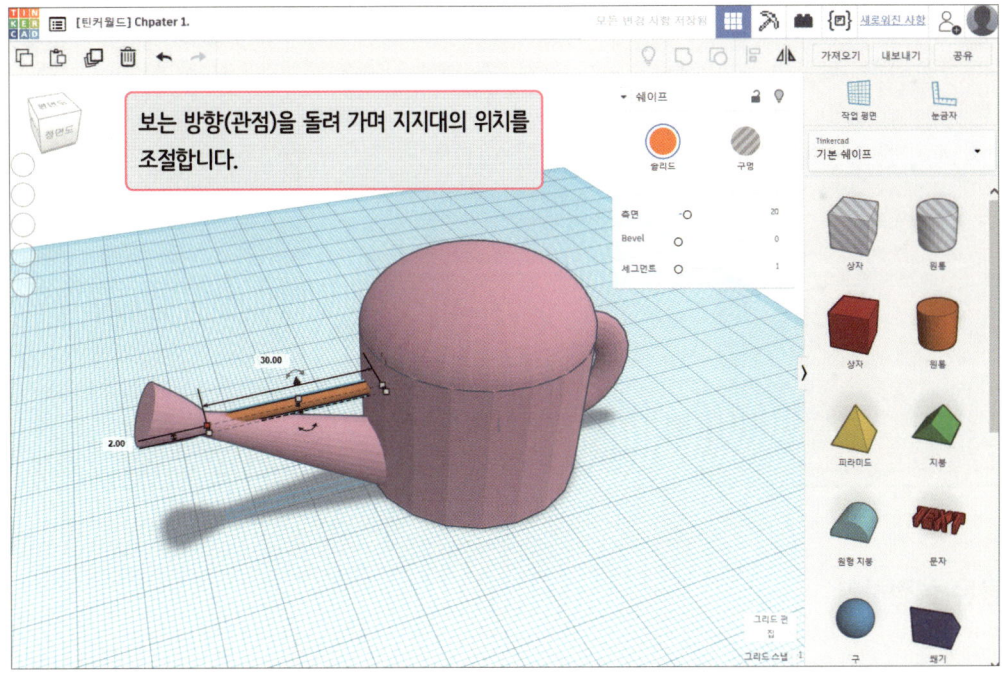

17 물뿌리개 완성

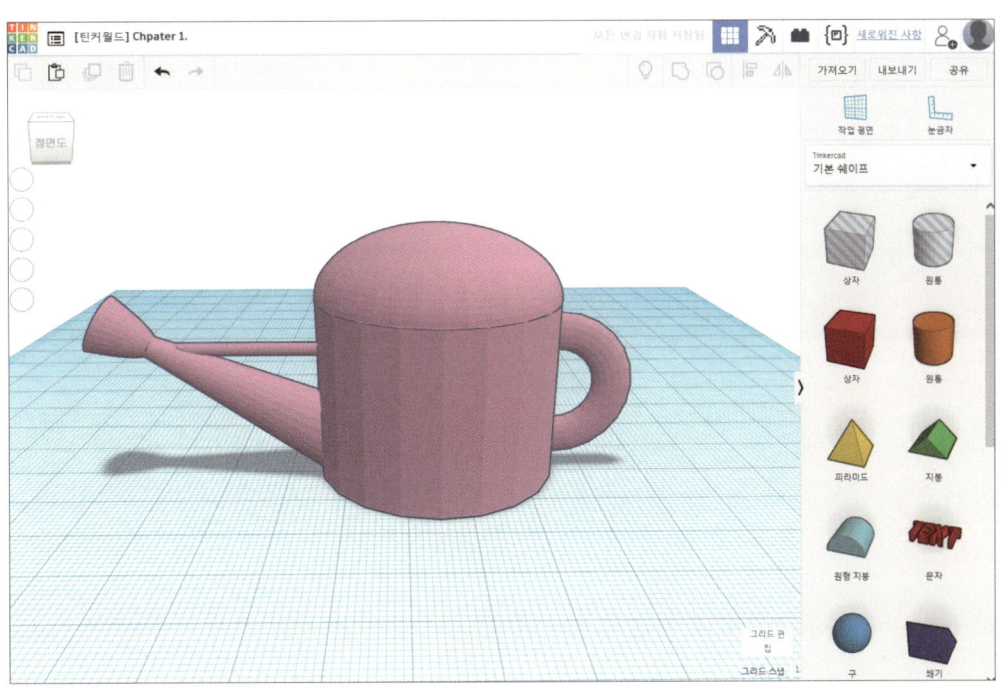

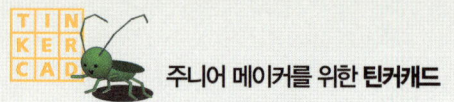

주니어 메이커를 위한 **틴커캐드**

18 설정 들어가기

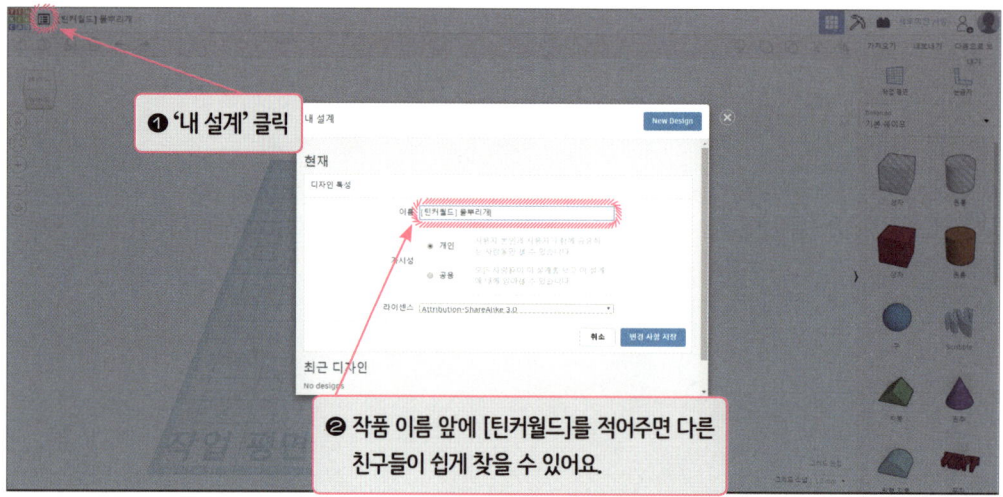

❶ '내 설계' 클릭

❷ 작품 이름 앞에 [틴커월드]를 적어주면 다른 친구들이 쉽게 찾을 수 있어요.

19 공유 설정하기

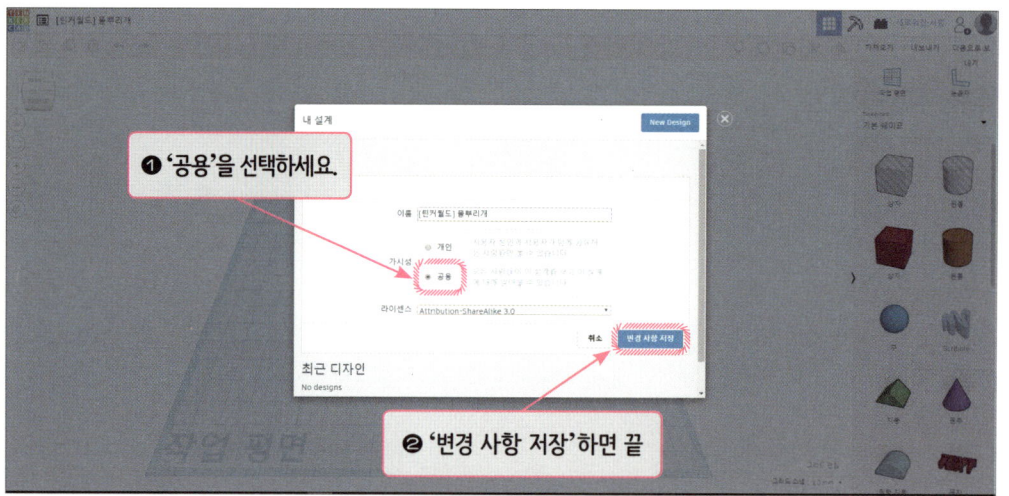

❶ '공용'을 선택하세요.

❷ '변경 사항 저장'하면 끝

 봄(Spring), 틴커월드에 봄이 오다

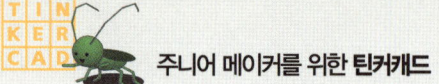

2 베짱이의 기타 만들기

봄 2

MISSON 4 베짱이가 공연을 하는 데 필요한 기타를 만들어 주세요.

 구상하기

실제 지구별에 있는 기타를 관찰해 봅시다.

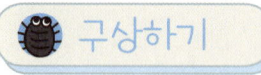

 분해하기

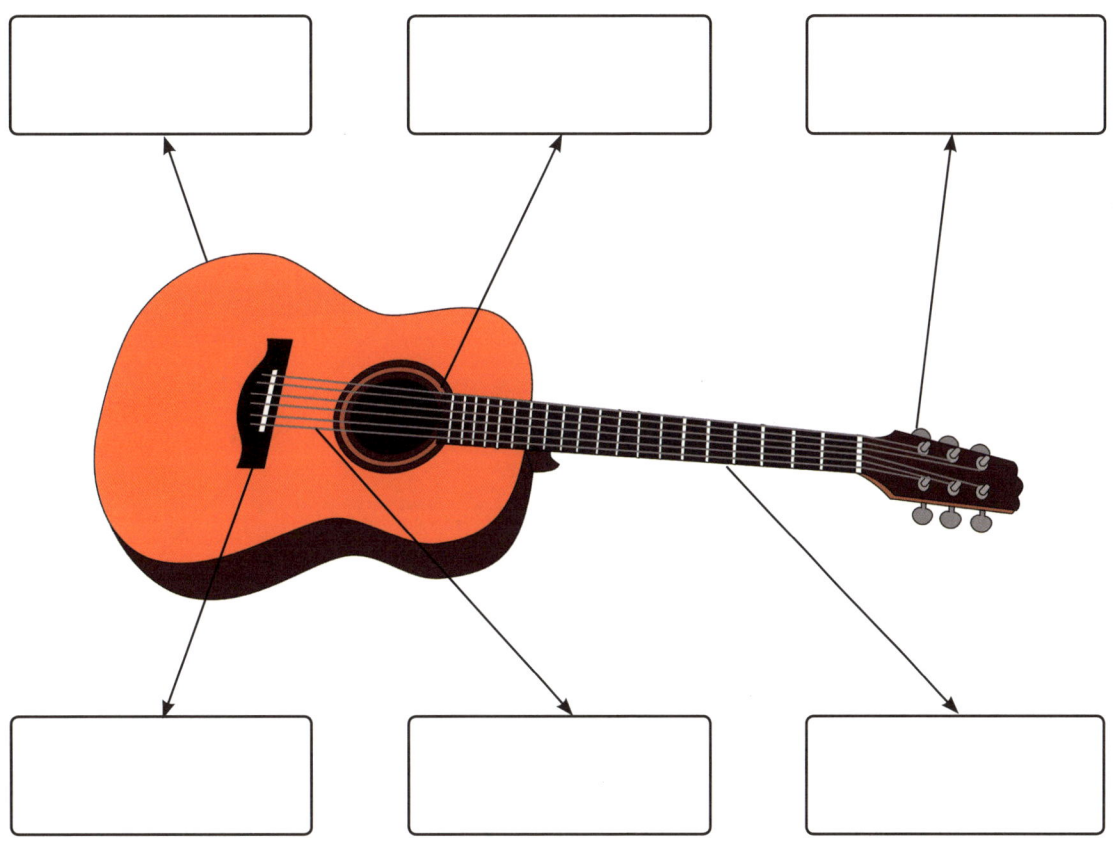

기본 도형으로 분해하기

나는 이렇게 기본 도형을 찾아보았어.
하지만 나와 달라도 괜찮아.
틴커캐드에는 다양한 방법이 있단다.

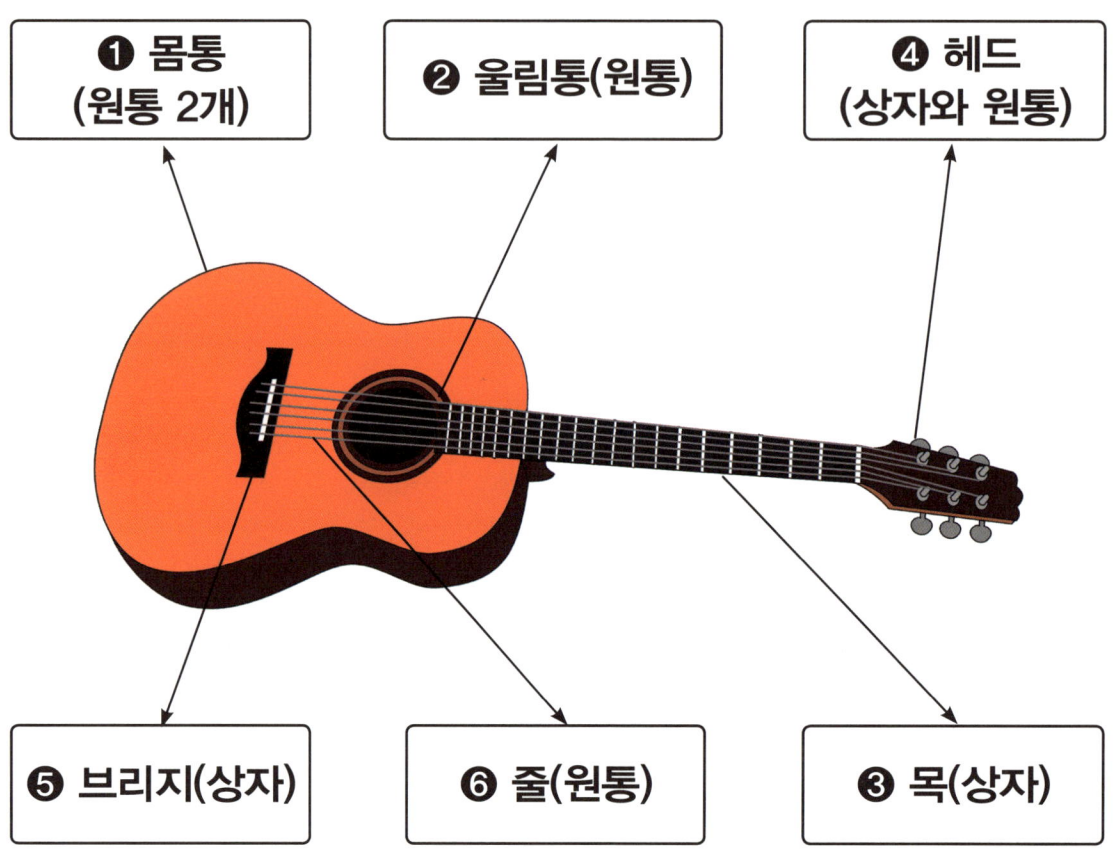

❶ 몸통 (원통 2개)
❷ 울림통(원통)
❹ 헤드 (상자와 원통)
❺ 브리지(상자)
❻ 줄(원통)
❸ 목(상자)

❶ 원통은 2개를 이어 붙이자.
❷ 몸통 가운데에 구멍이 있어야 해.
❹ 상자 위에 작은 원통을 붙이자.
❻ 원통을 길게 늘여 줄처럼 만들자.

봄(Spring), 틴커월드에 봄이 오다

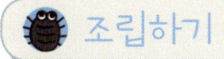

1 몸통 만들기

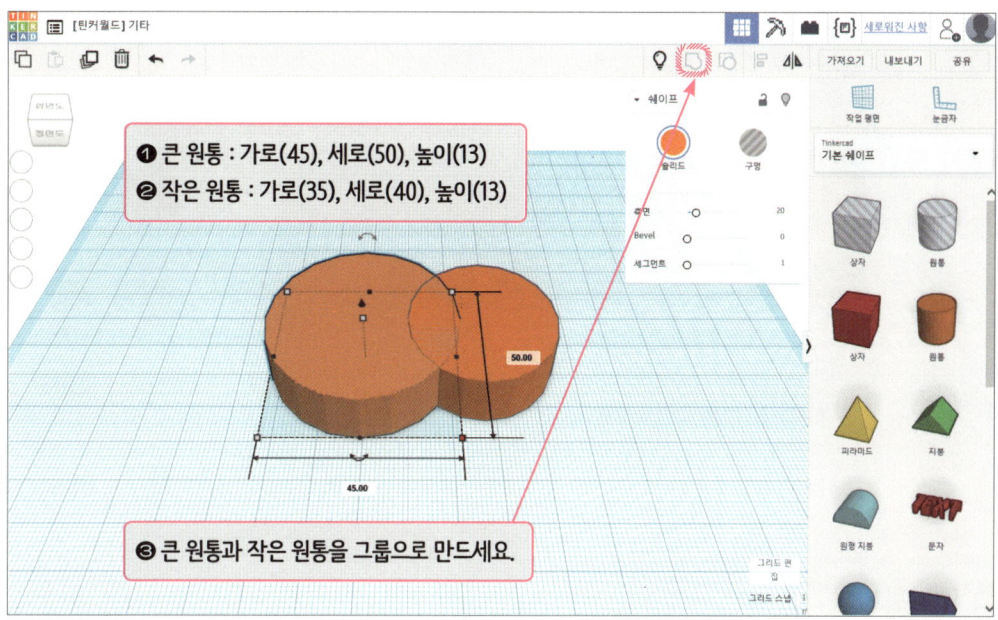

2 울림통 만들기

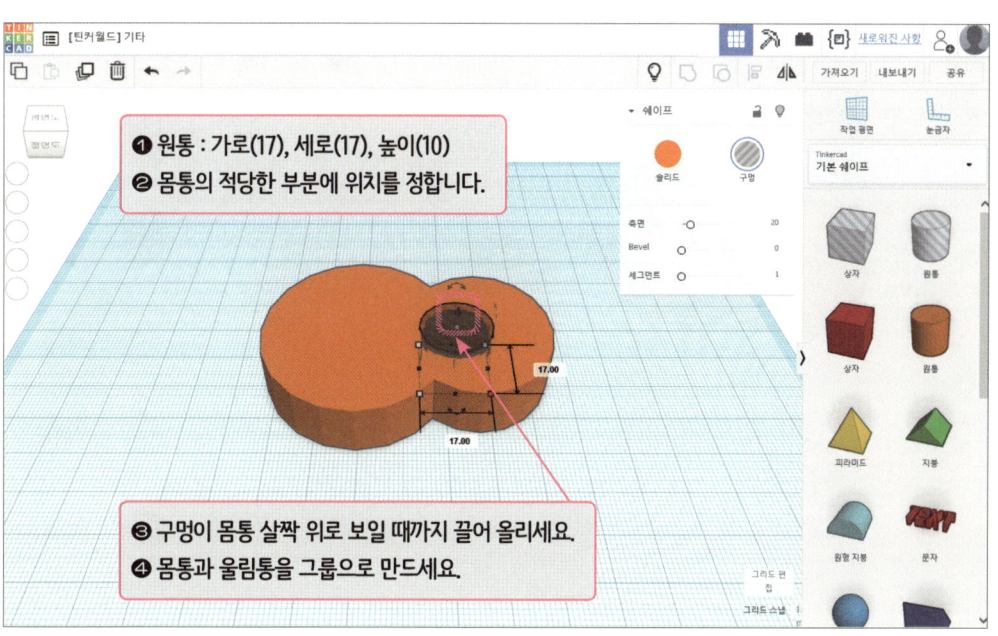

3 목 만들기

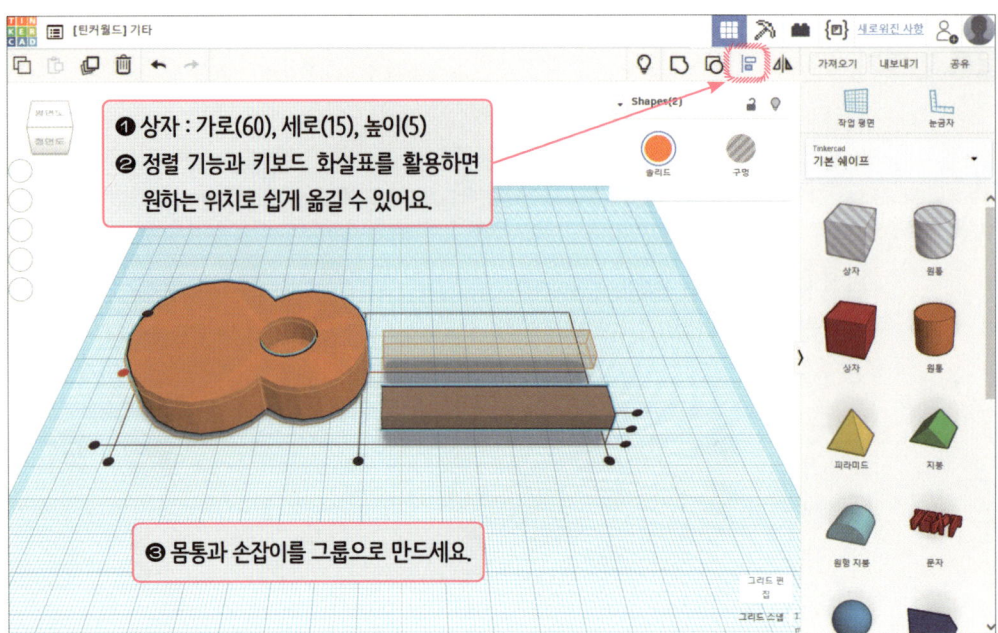

❶ 상자 : 가로(60), 세로(15), 높이(5)
❷ 정렬 기능과 키보드 화살표를 활용하면 원하는 위치로 쉽게 옮길 수 있어요.

❸ 몸통과 손잡이를 그룹으로 만드세요.

4 색 유지하기

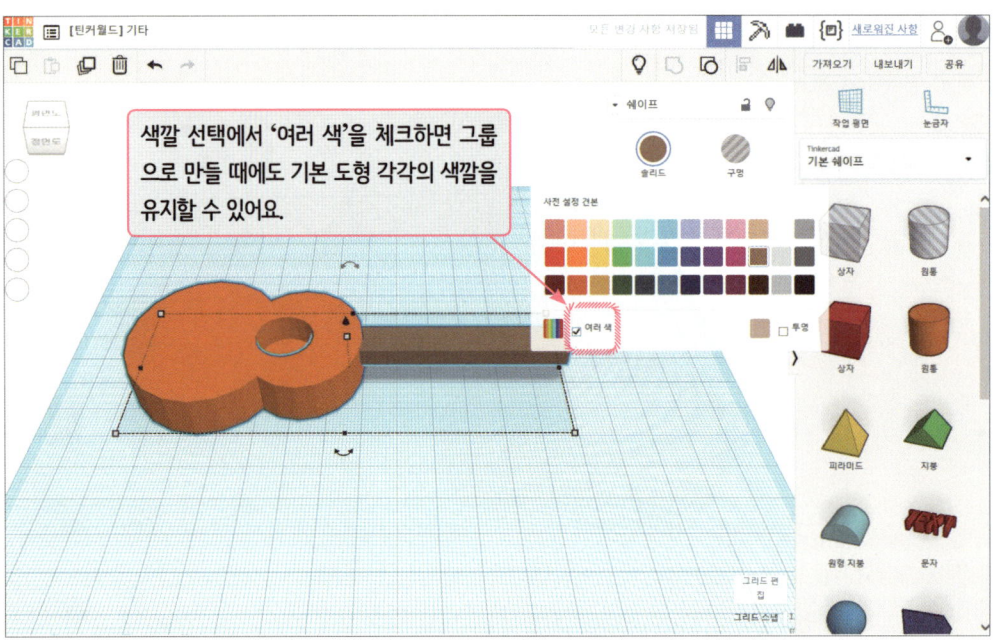

색깔 선택에서 '여러 색'을 체크하면 그룹으로 만들 때에도 기본 도형 각각의 색깔을 유지할 수 있어요.

5 헤드 만들기

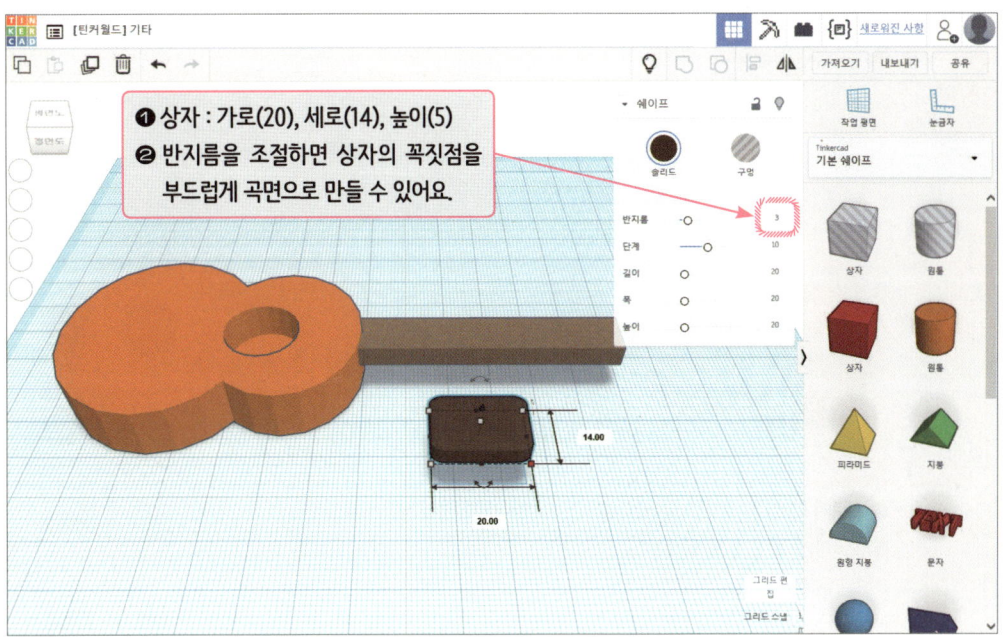

6 줄 감개 만들기

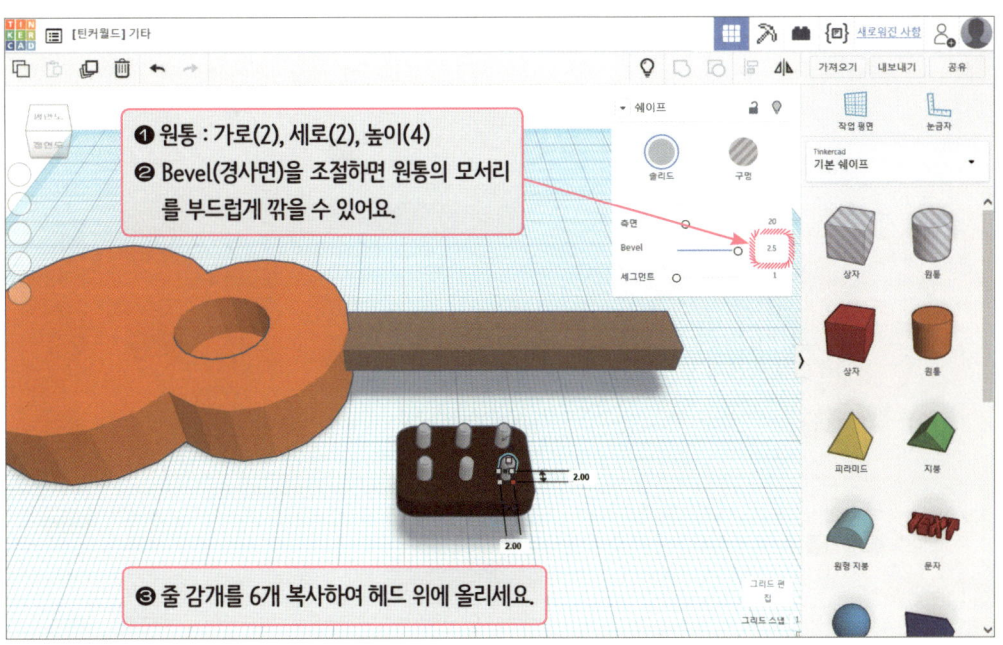

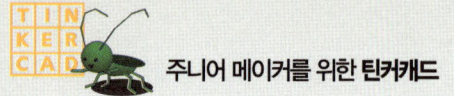

7 브리지 만들기

❶ 상자 : 가로(5), 세로(15), 높이(2)
❷ 브리지를 몸통 위에 올리세요.

8 프렛 만들기

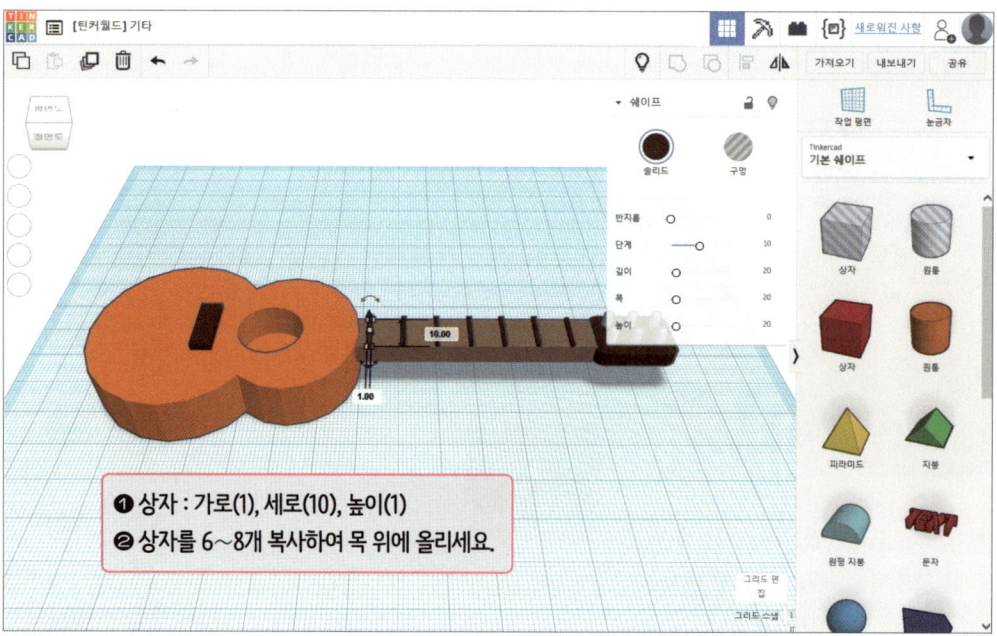

❶ 상자 : 가로(1), 세로(10), 높이(1)
❷ 상자를 6~8개 복사하여 목 위에 올리세요.

9 줄 만들기 1

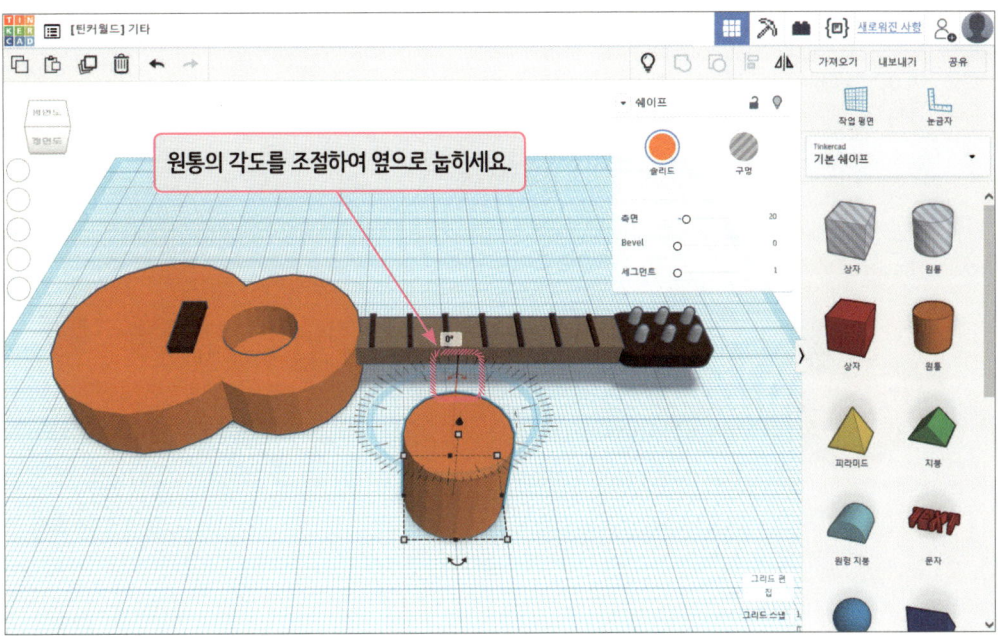

10 줄 만들기 2

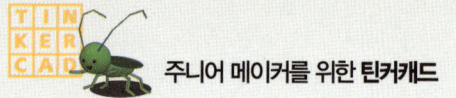

11 기타 완성

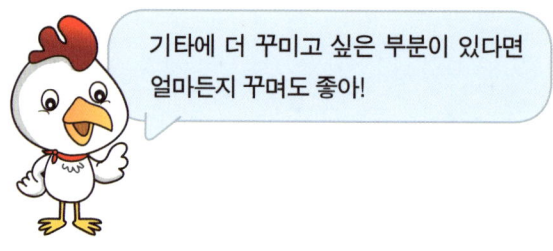

봄(Spring), 틴커월드에 봄이 오다

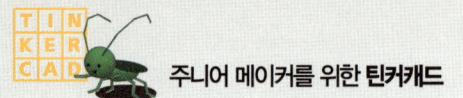

3 더 나아가기

봄 3

MISSON 5 개미가 농사를 짓는 데 필요한 농사 도구 3종 세트를 만들어 주세요.

🕷 개미의 농사 도구 만들기

2 봄(Spring), 틴커월드에 봄이 오다

38~39쪽을 참고해서 농사 도구를 직접 디자인해 보고, 기본 도형으로 분해해 보자.

어떤 기본 도형부터 만들면 좋을까?
만드는 순서를 생각해서 ①, ②, ③ … 번호도 적어 볼까?

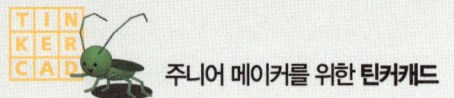

MISSON 6 베짱이가 연주를 하는 데 필요한 드럼 세트를 만들어 주세요.

 베짱이의 드럼 세트 만들기

봄(Spring), 틴커월드에 봄이 오다

38~39쪽을 참고해서 드럼 세트를 직접 디자인해 보고, 기본 도형으로 분해해 보자.

어떤 기본 도형부터 만들면 좋을까?
만드는 순서를 생각해서 ①, ②, ③ … 번호도 적어 볼까?

CHAPTER

3

여름(Summer), 무더운 여름나기

3 | 여름(Summer), 무더운 여름 나기

 # 1 개미의 무더위 쉼터 만들기   여름 1

MISSION 7 개미가 여름에 뜨거운 햇살을 피하기 위한 무더위 쉼터를 만들어 주세요.

 구상하기

지구별에 있는 무더위 쉼터를 관찰해 봅시다.

69

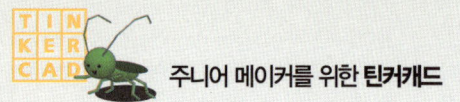

분해하기

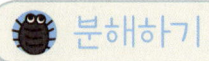

나는 이 원두막이 마음에 들어~
기본 도형을 찾은 다음, 네가 원두막을 더 꾸며볼래?

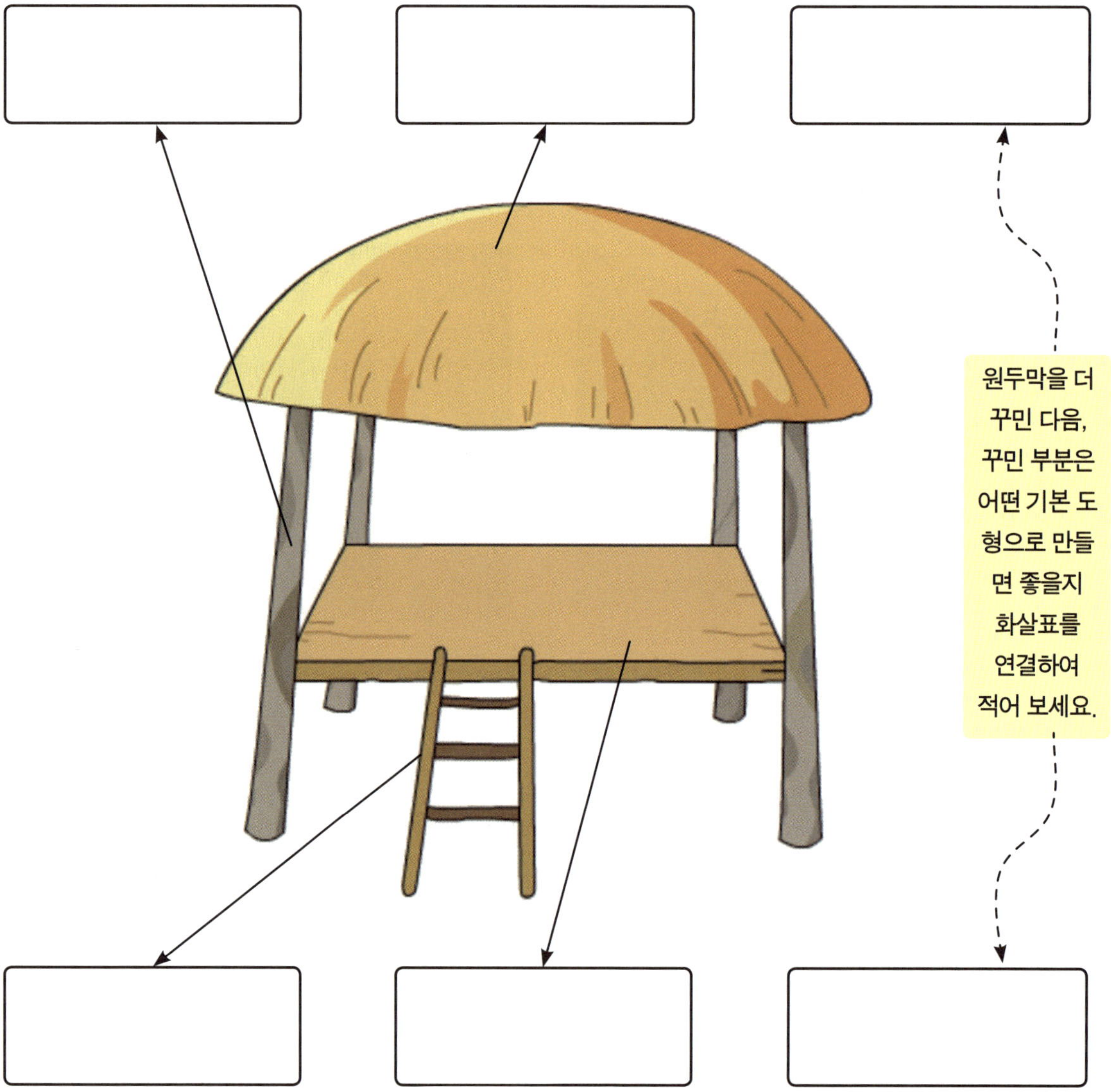

원두막을 더 꾸민 다음, 꾸민 부분은 어떤 기본 도형으로 만들면 좋을지 화살표를 연결하여 적어 보세요.

기본 도형으로 분해하기

3 여름(Summer), 무더운 여름 나기

나는 이렇게 기본 도형을 찾아보았어. 하지만 나와 달라도 괜찮아.
틴커캐드에는 다양한 방법이 있단다.

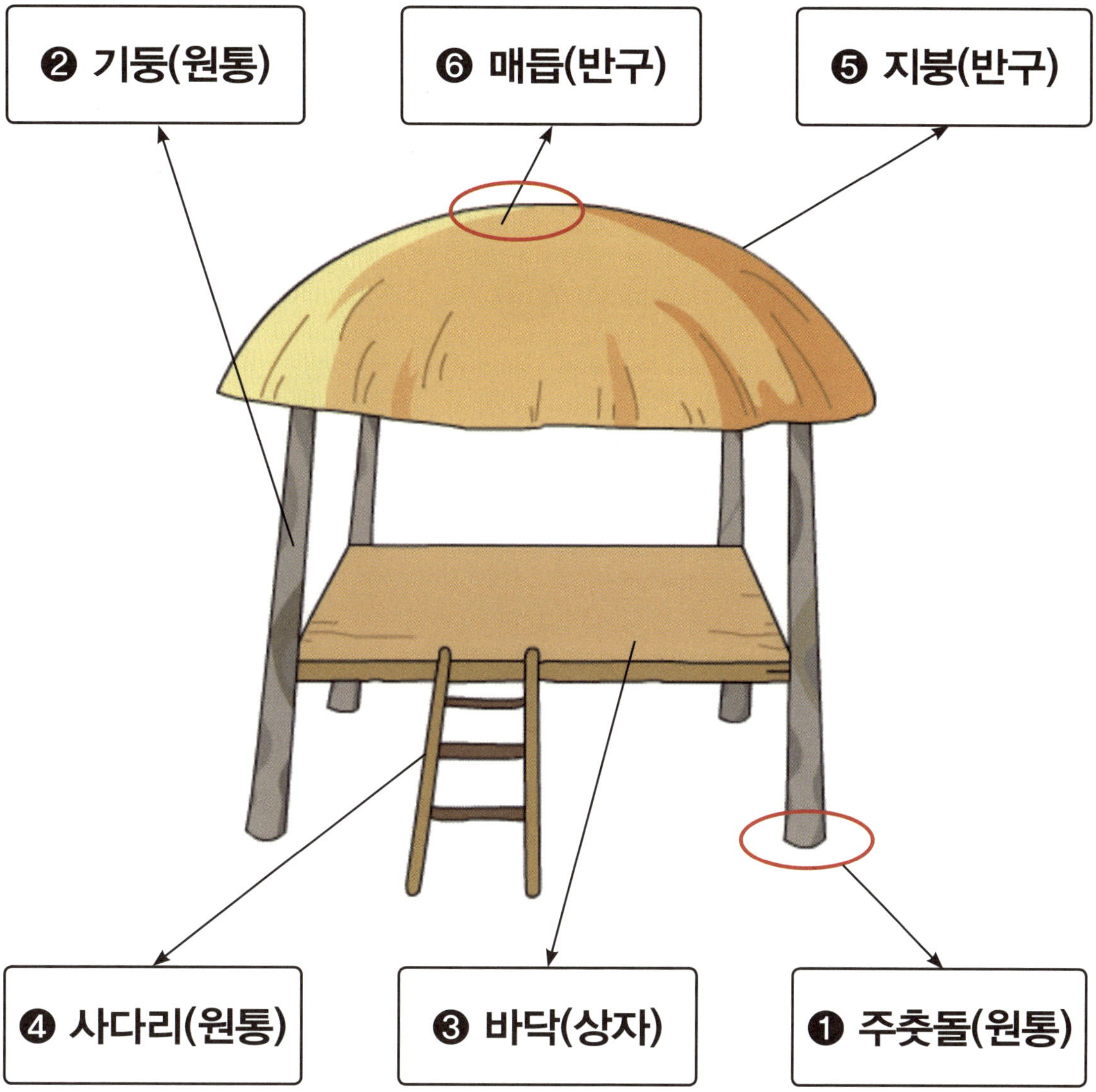

❷ 기둥(원통)   ❻ 매듭(반구)   ❺ 지붕(반구)

❹ 사다리(원통)   ❸ 바닥(상자)   ❶ 주춧돌(원통)

❶ 원통으로 주춧돌을 놓아 보자.

❸ 두 가지 색의 상자로 바닥을 놓아 보자.

❺ 반구 안에 구멍을 파서 지붕을 만들자.

❻ 지붕을 묶을 매듭을 만들어 보자.

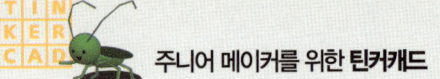

🕷 조립하기

1 주춧돌 놓기

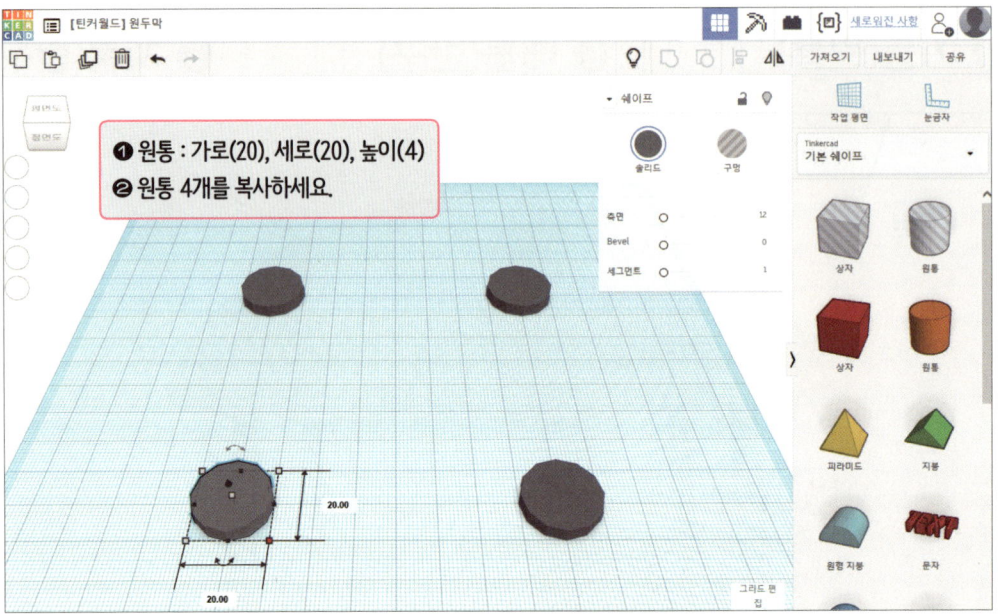

❶ 원통 : 가로(20), 세로(20), 높이(4)
❷ 원통 4개를 복사하세요.

2 눈금자 활용하기

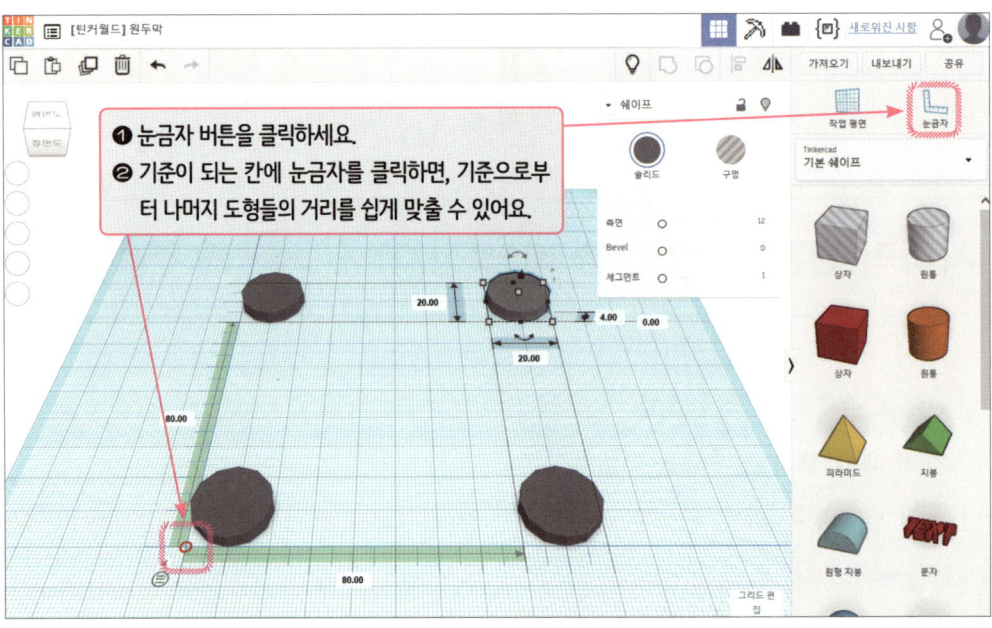

❶ 눈금자 버튼을 클릭하세요.
❷ 기준이 되는 칸에 눈금자를 클릭하면, 기준으로부터 나머지 도형들의 거리를 쉽게 맞출 수 있어요.

3 기둥 세우기

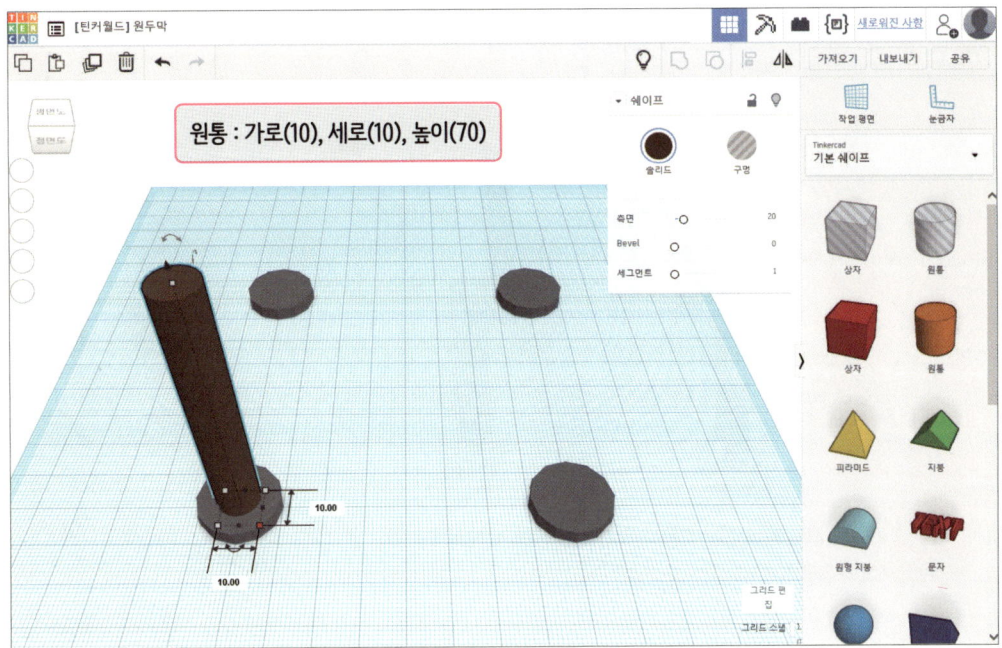

4 기둥 기울이기

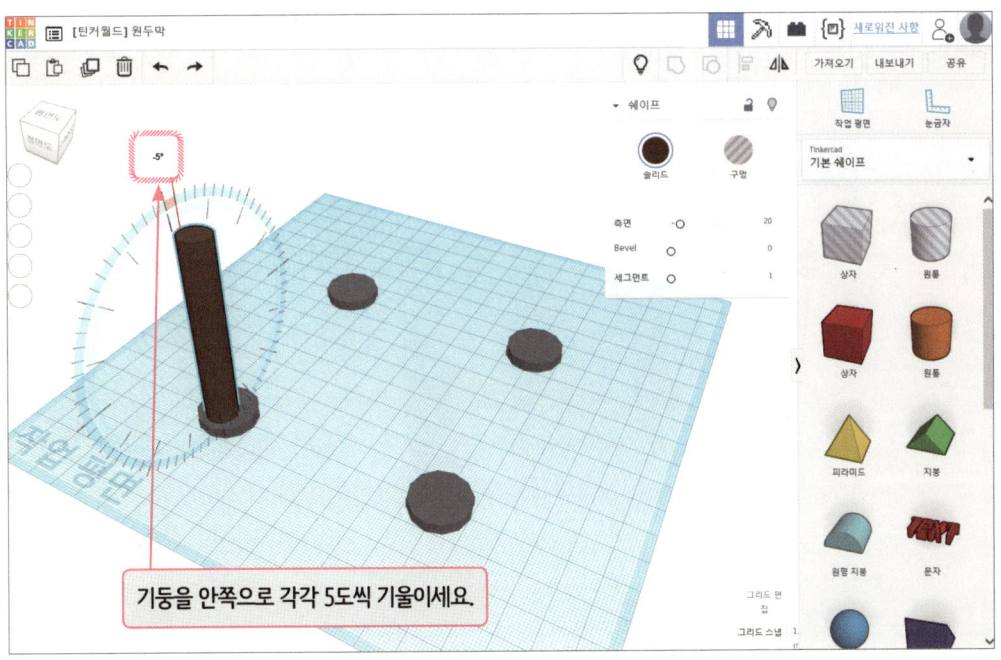

5 기둥 복사하기

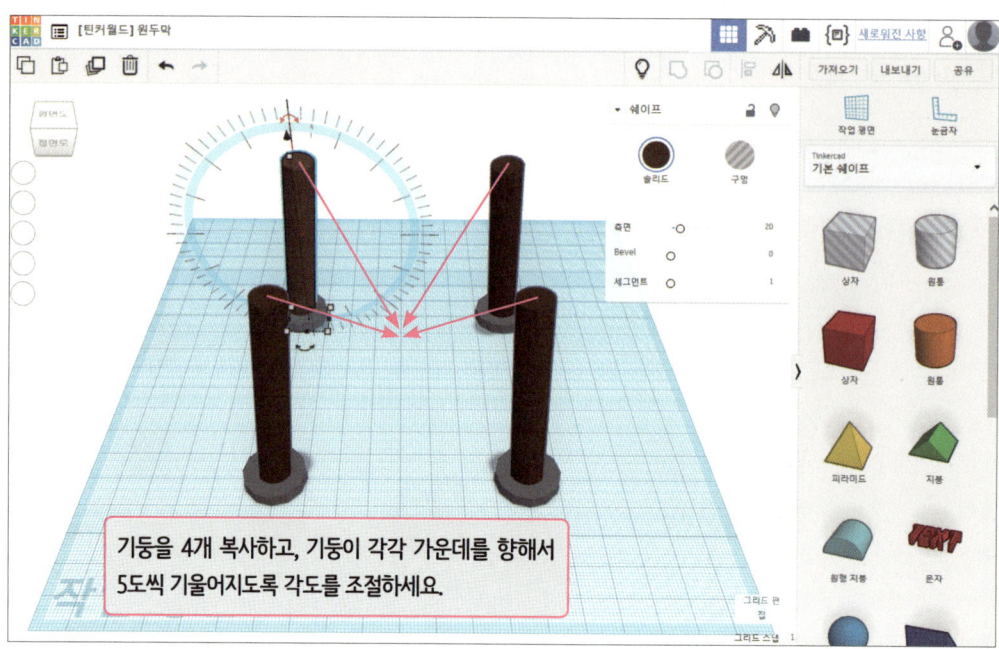

기둥을 4개 복사하고, 기둥이 각각 가운데를 향해서 5도씩 기울어지도록 각도를 조절하세요.

6 바닥 만들기

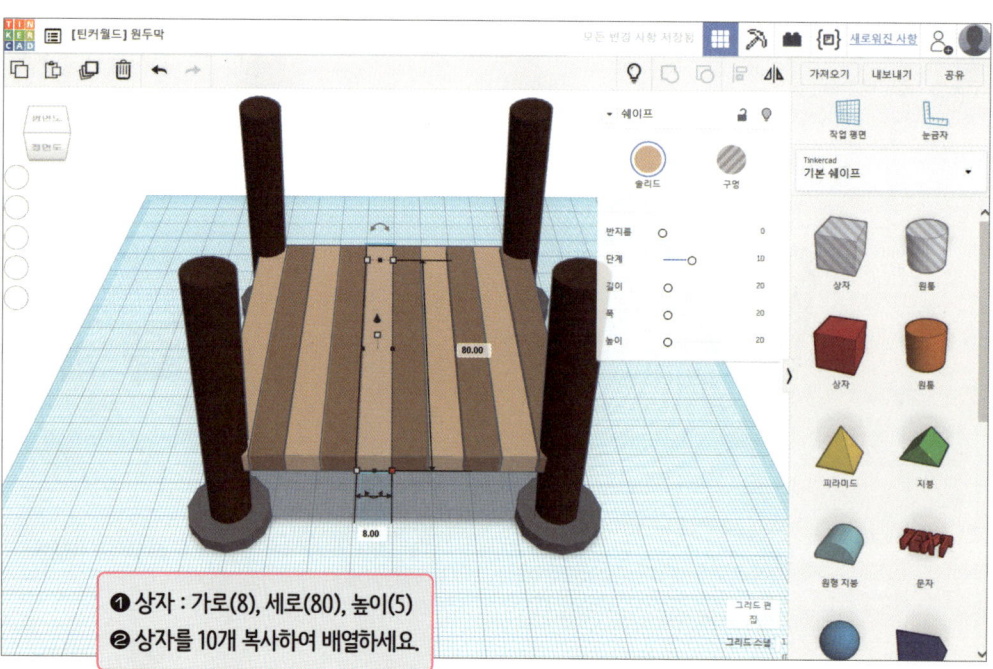

❶ 상자 : 가로(8), 세로(80), 높이(5)
❷ 상자를 10개 복사하여 배열하세요.

3 여름(Summer), 무더운 여름 나기

7 대들보 만들기

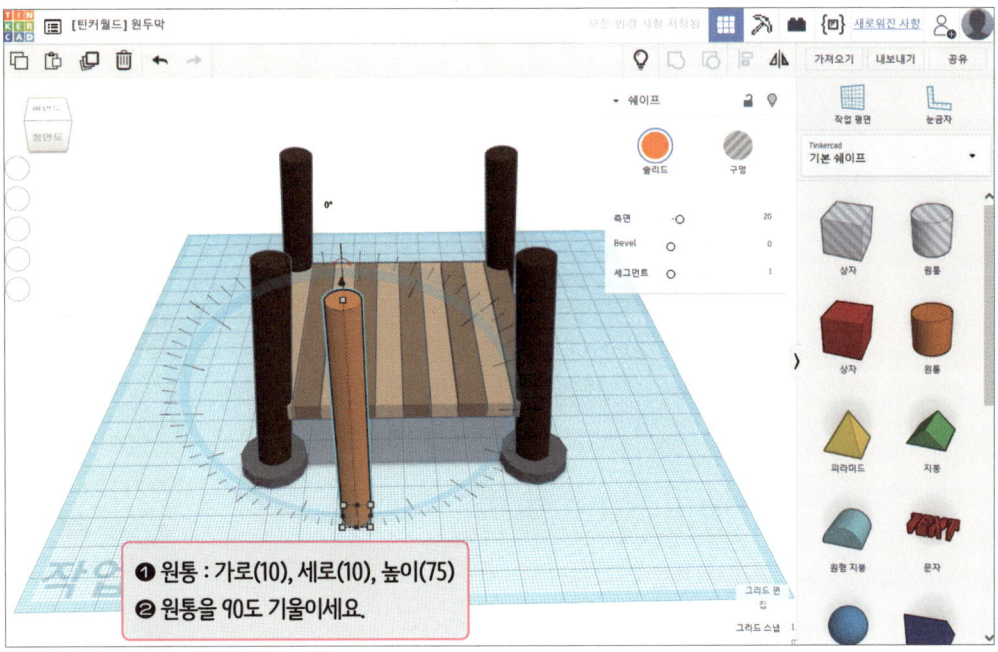

❶ 원통 : 가로(10), 세로(10), 높이(75)
❷ 원통을 90도 기울이세요.

8 대들보 올리기

시점 상자를 클릭하거나, 마우스 우클릭을 한 채로 화면을 움직여서 시점을 조절하세요.

9 대들보 복사하기

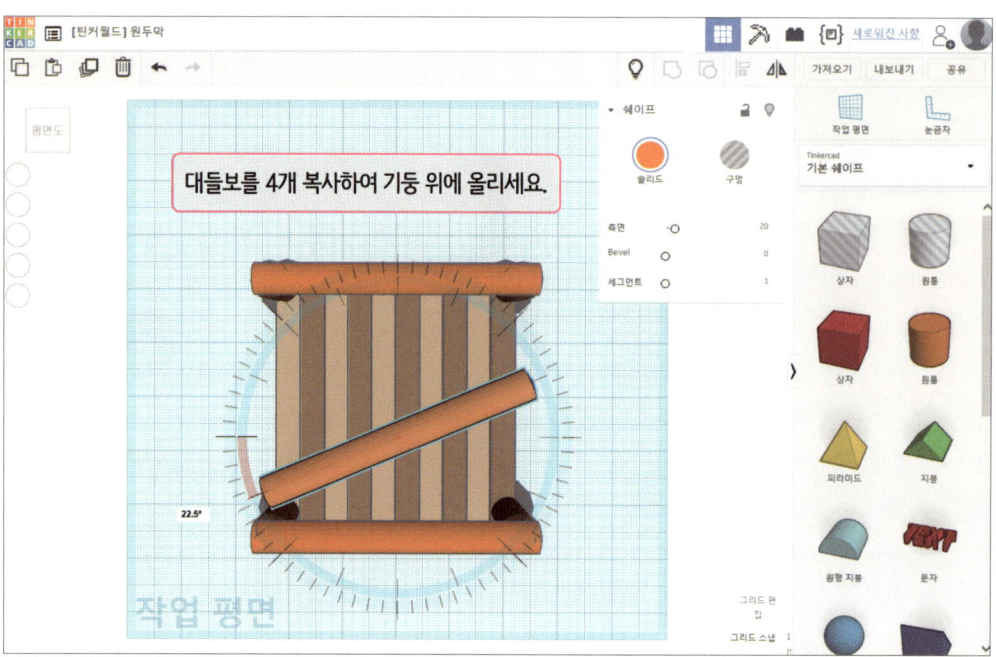

10 대들보 완성

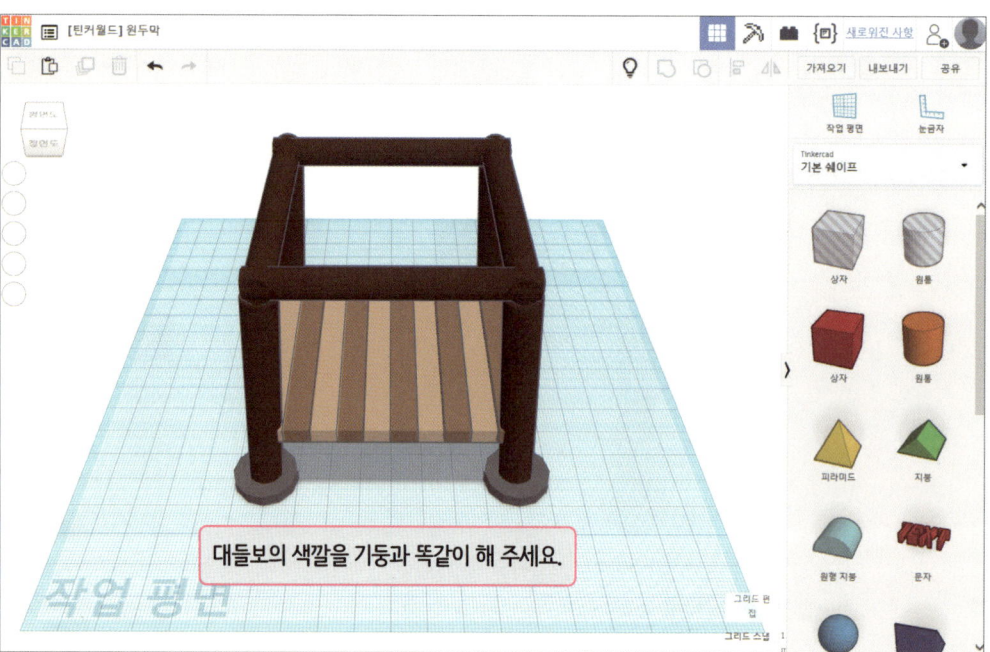

11 지붕 만들기

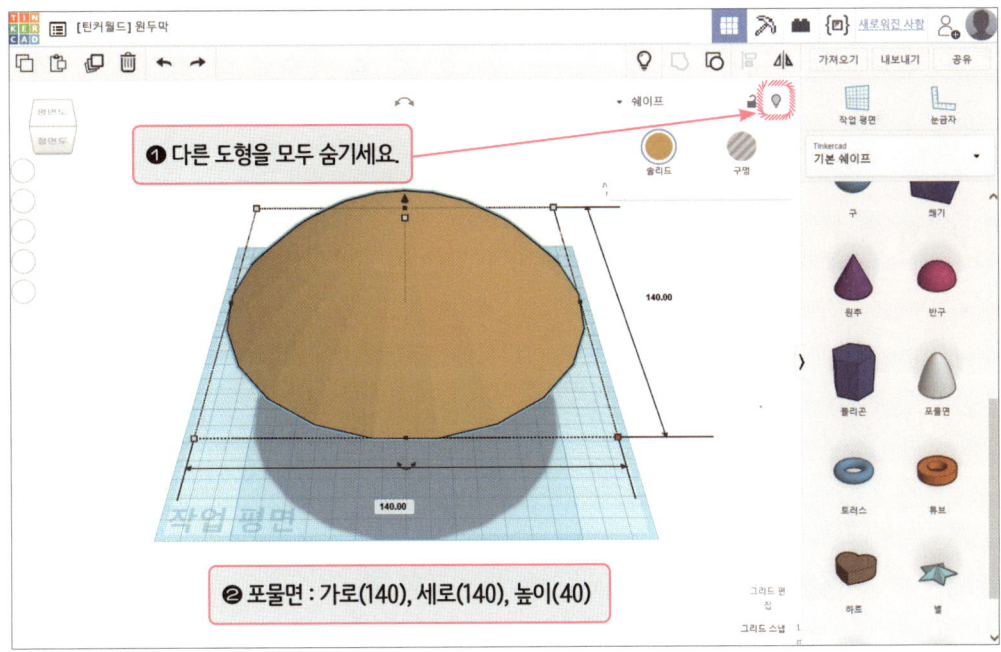

❶ 다른 도형을 모두 숨기세요.
❷ 포물면 : 가로(140), 세로(140), 높이(40)

12 지붕 가운데 파기 1

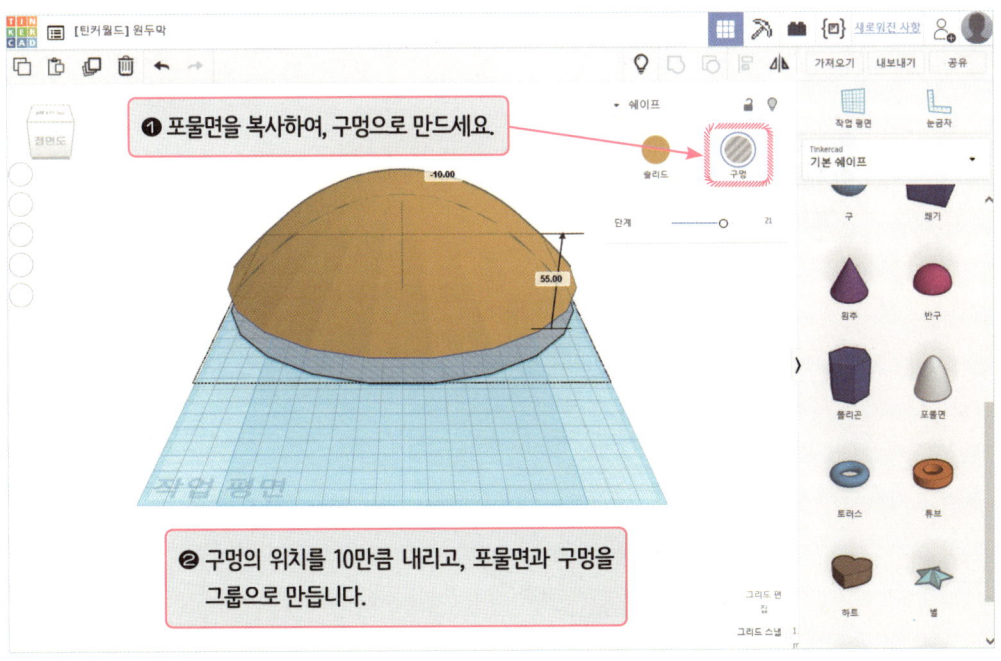

❶ 포물면을 복사하여, 구멍으로 만드세요.
❷ 구멍의 위치를 10만큼 내리고, 포물면과 구멍을 그룹으로 만듭니다.

13 지붕 가운데 파기 2

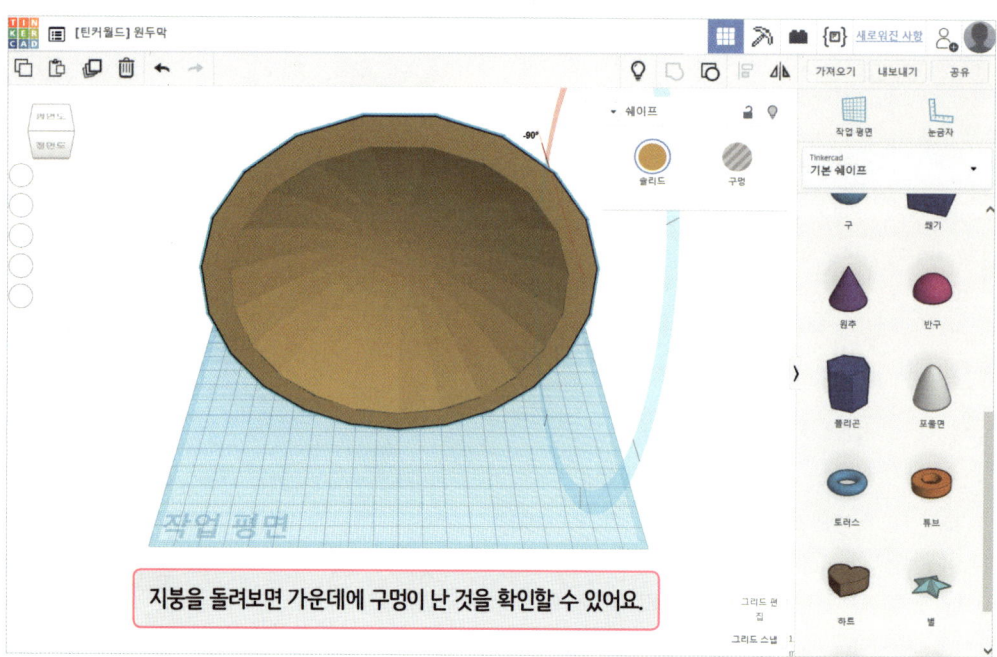

지붕을 돌려보면 가운데에 구멍이 난 것을 확인할 수 있어요.

14 지붕 중심 맞추기

❶ 시점을 위에서 보기(평면도)로 바꾸세요.
❷ 지붕을 투명으로 만들고, 키보드의 화살표 키를 활용하여 정렬을 할 수 있어요.

15 지붕 완성

지붕의 위아래 위치를 조절하여 기둥과 대들보에 적당하게 맞추세요.

16 지붕 매듭 만들기

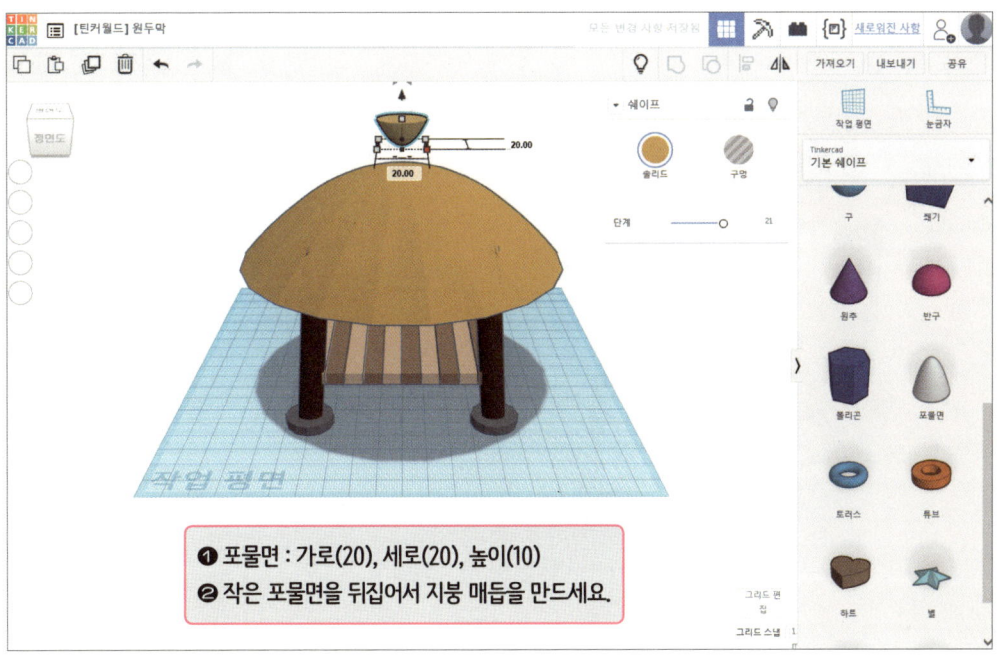

❶ 포물면 : 가로(20), 세로(20), 높이(10)
❷ 작은 포물면을 뒤집어서 지붕 매듭을 만드세요.

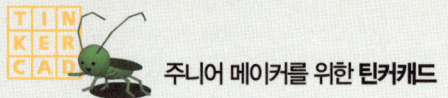

17 사다리 만들기

❶ 원통 : 가로(2), 세로(2), 높이(20)
❷ 원통을 여러 개 연결하여 사다리를 만드세요.

18 사다리 각도 조절하기

사다리의 각도를 조절하여, 지면과 원두막 바닥에 적절히 걸쳐지도록 하세요.

3 | 여름(Summer), 무더운 여름 나기

19 원두막 완성

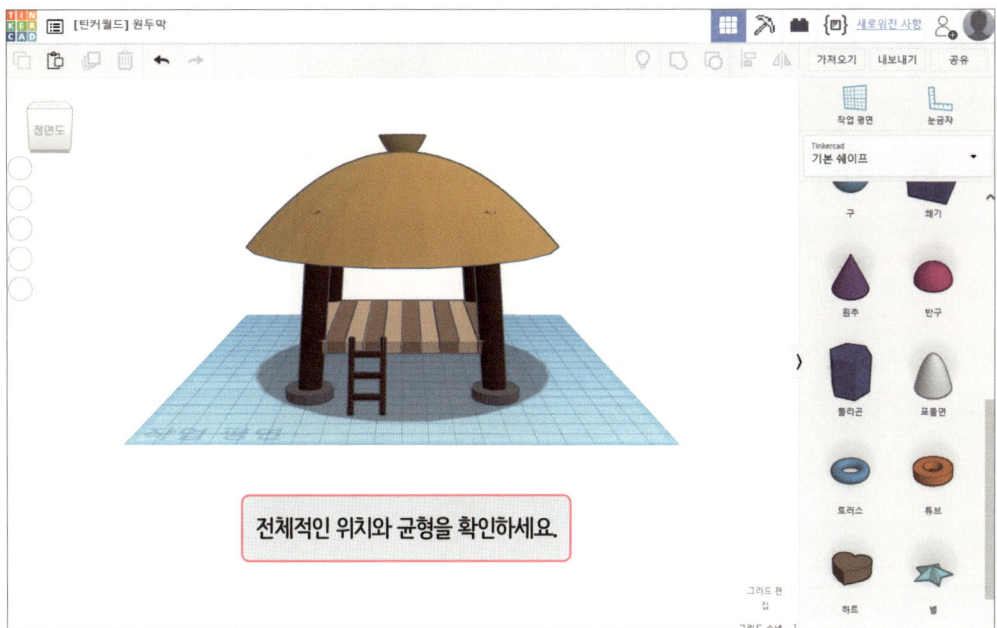

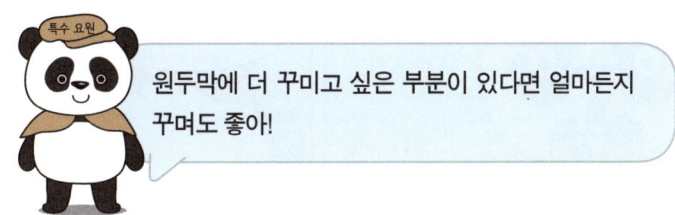

원두막에 더 꾸미고 싶은 부분이 있다면 얼마든지 꾸며도 좋아!

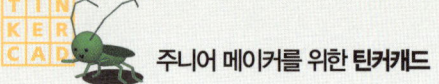

3 여름(Summer), 무더운 여름 나기

 ## 베짱이의 해변 만들기 | 여름 2

MISSON 8 베짱이가 여름에 물놀이를 하기 위한 해변을 만들어 주세요.

 구상하기

지구별에 있는 해변을 관찰해 봅시다.

83

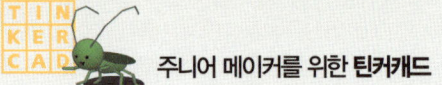

분해하기

나는 이 해변이 마음에 들어~
기본 도형으로 해변의 물체들을 어떻게 만들 수 있는지 적어 볼래?

해변을 더 꾸민 다음, 꾸민 부분은 어떤 기본 도형으로 만들면 좋을지 화살표를 연결하여 적어 보세요.

기본 도형으로 분해하기

3 여름(Summer), 무더운 여름 나기

나는 이렇게 기본 도형을 찾아보았어. 하지만 나와 달라도 괜찮아. 틴커캐드에는 다양한 방법이 있단다.

❺ 파라솔 (피라미드)

❹ 잎(별)

❶ 바다(쐐기)

❻ 선베드(링)

❸ 나무(원추)

❷ 모래(쐐기)

❶, ❷ 쐐기로 바다와 모래를 표현해 보자.
❹ 별로 야자잎을 만들어 보자.
❺ 6각 피라미드로 파라솔을 만들어 보자.
❻ 링을 잘라서 선베드를 만들어 보자.

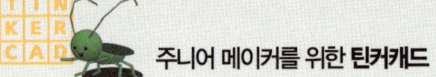

조립하기

1 해저 만들기

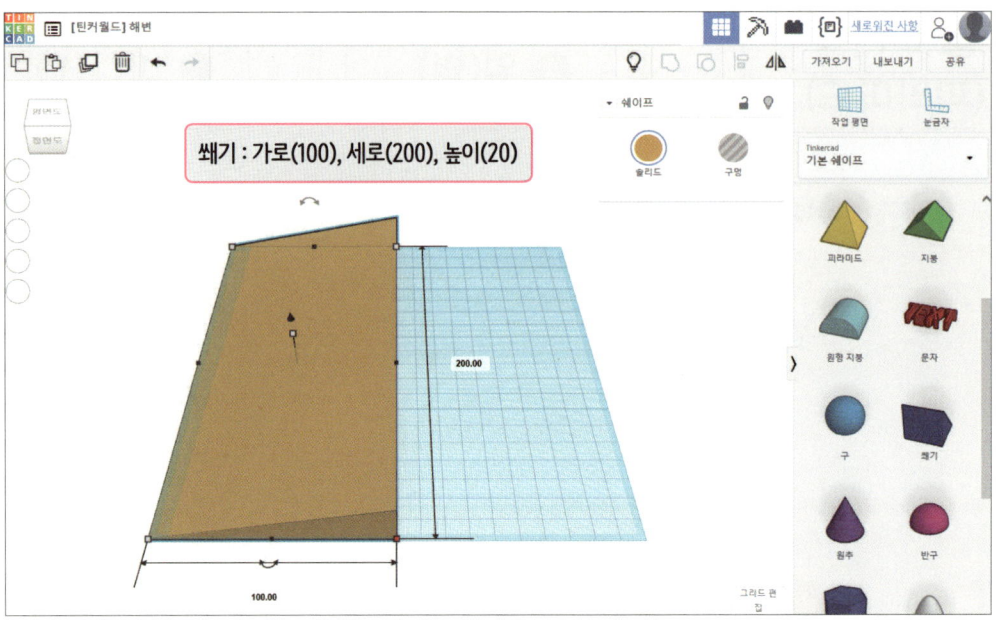

2 바다 만들기

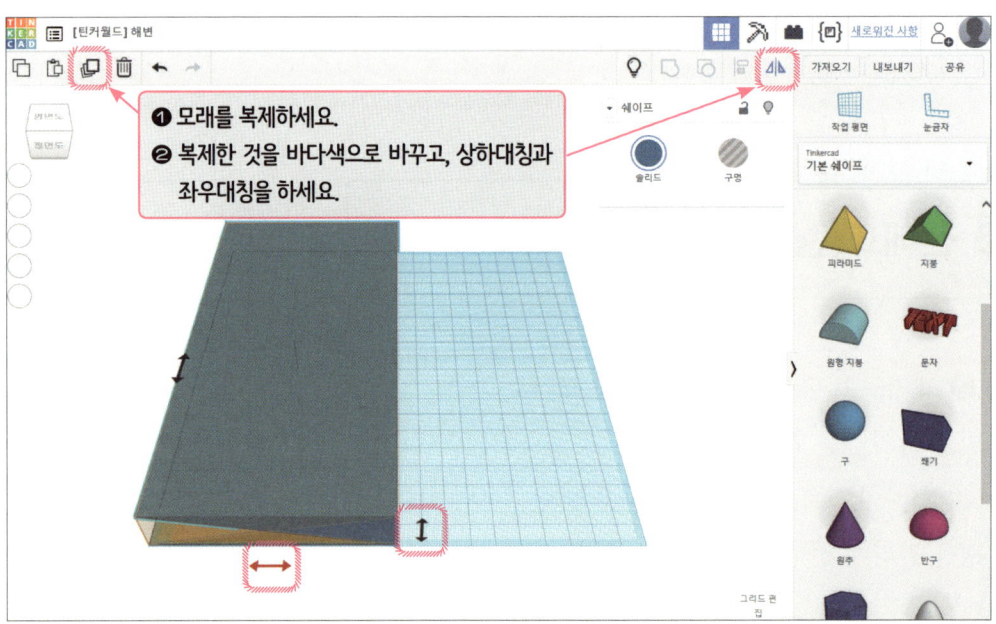

3 모래사장 만들기

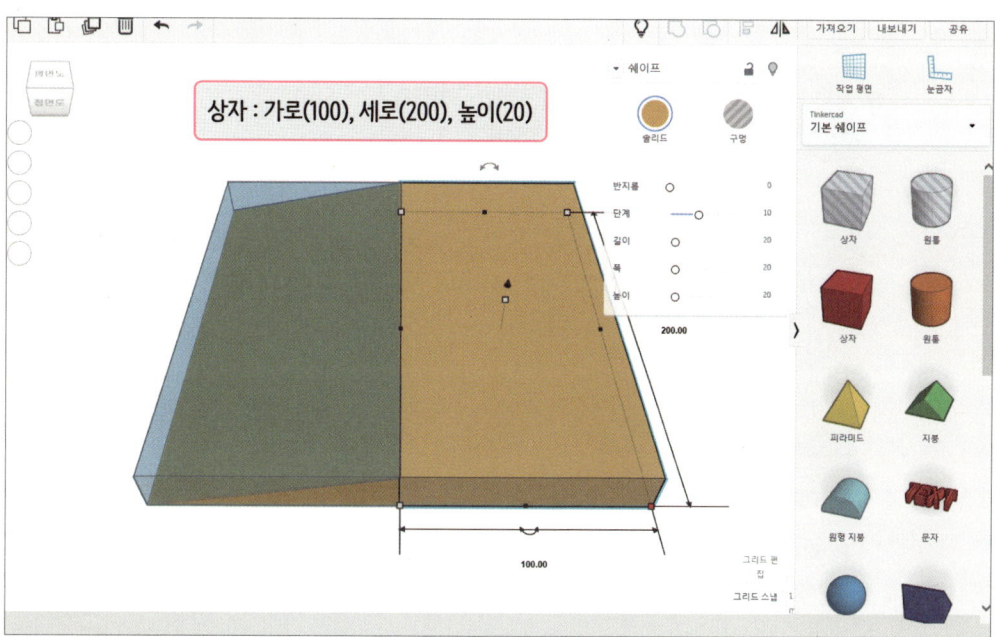

4 작업 평면 설정하기

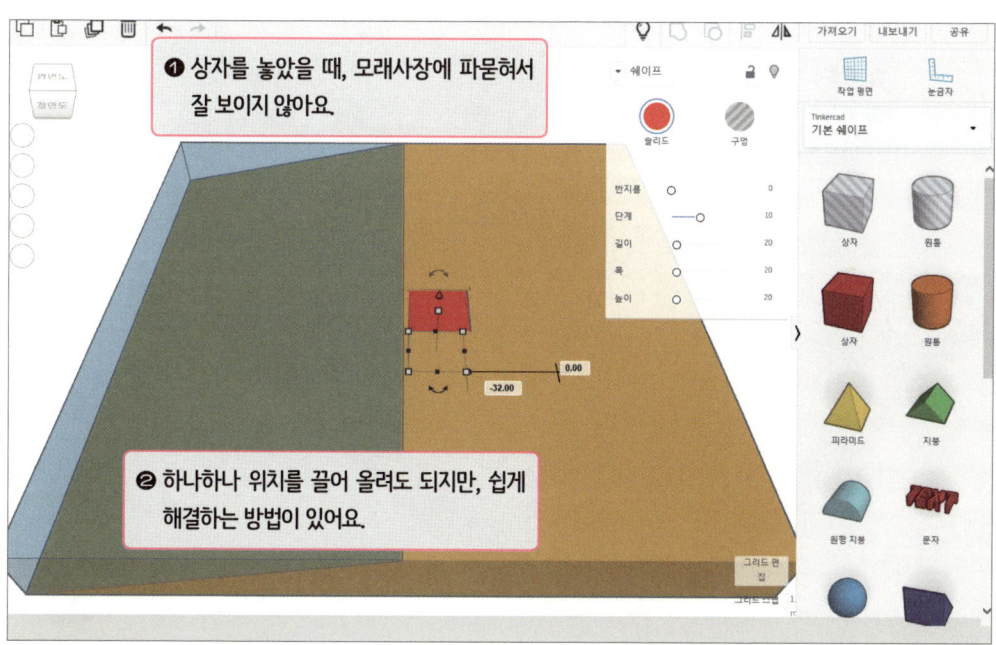

87

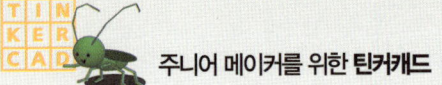

5 작업 평면 설정하기

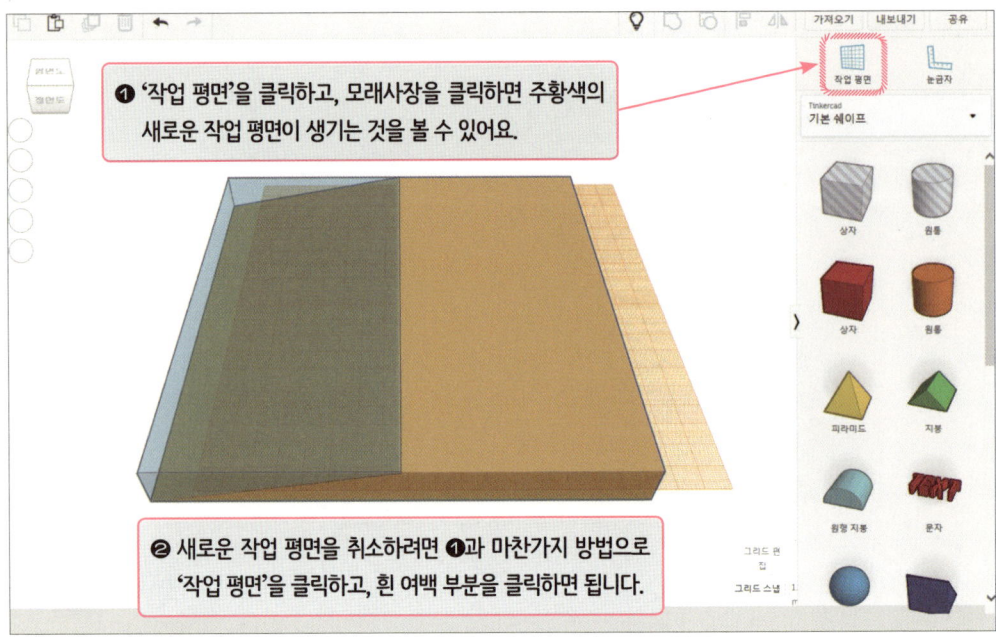

❶ '작업 평면'을 클릭하고, 모래사장을 클릭하면 주황색의 새로운 작업 평면이 생기는 것을 볼 수 있어요.

❷ 새로운 작업 평면을 취소하려면 ❶과 마찬가지 방법으로 '작업 평면'을 클릭하고, 흰 여백 부분을 클릭하면 됩니다.

6 야자나무 만들기 1

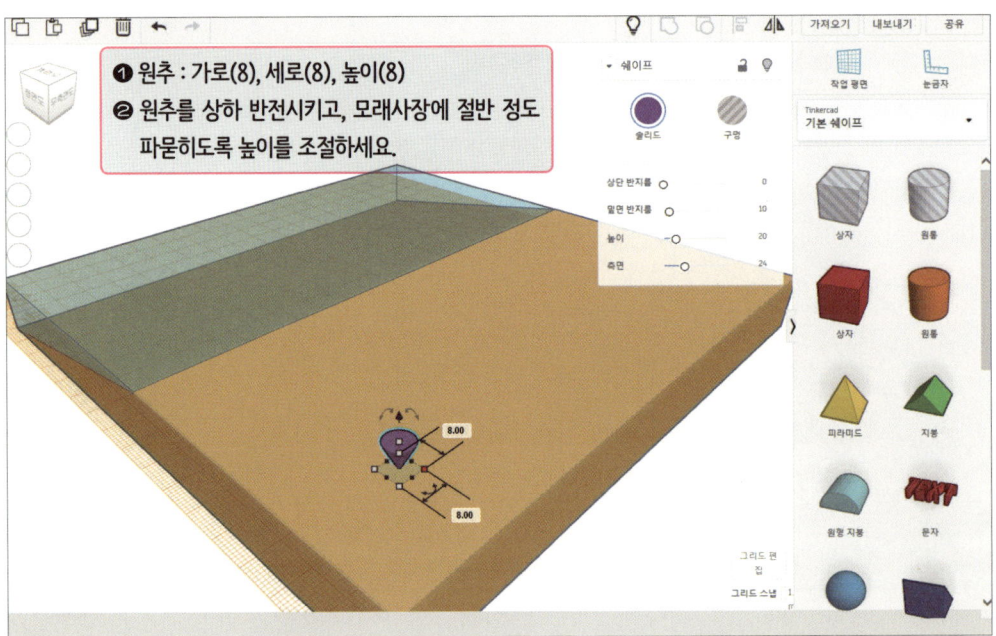

❶ 원추 : 가로(8), 세로(8), 높이(8)
❷ 원추를 상하 반전시키고, 모래사장에 절반 정도 파묻히도록 높이를 조절하세요.

7 야자나무 만들기 2

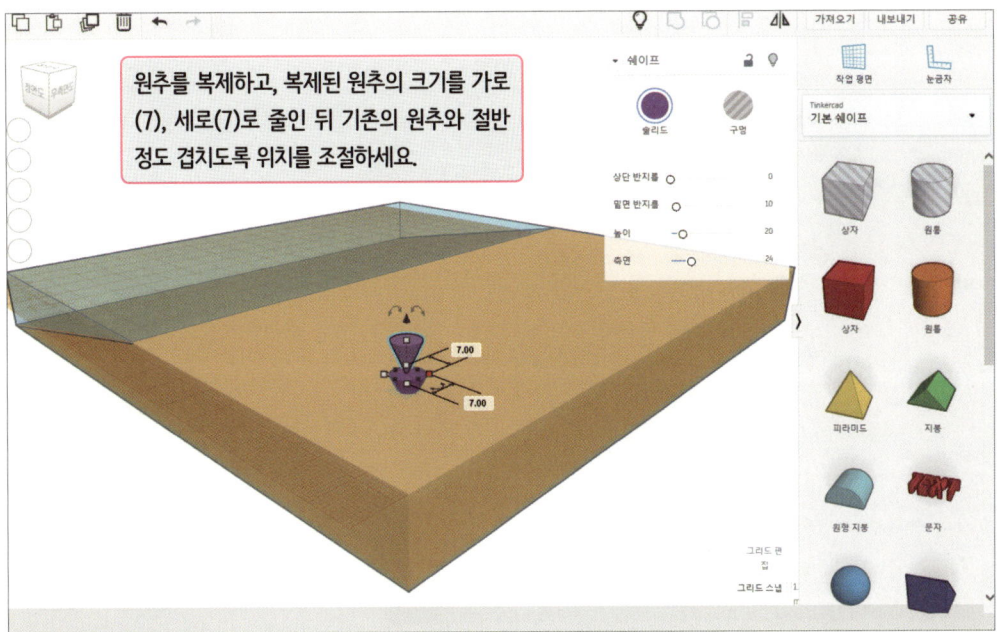

원추를 복제하고, 복제된 원추의 크기를 가로(7), 세로(7)로 줄인 뒤 기존의 원추와 절반 정도 겹치도록 위치를 조절하세요.

8 야자나무 만들기 3

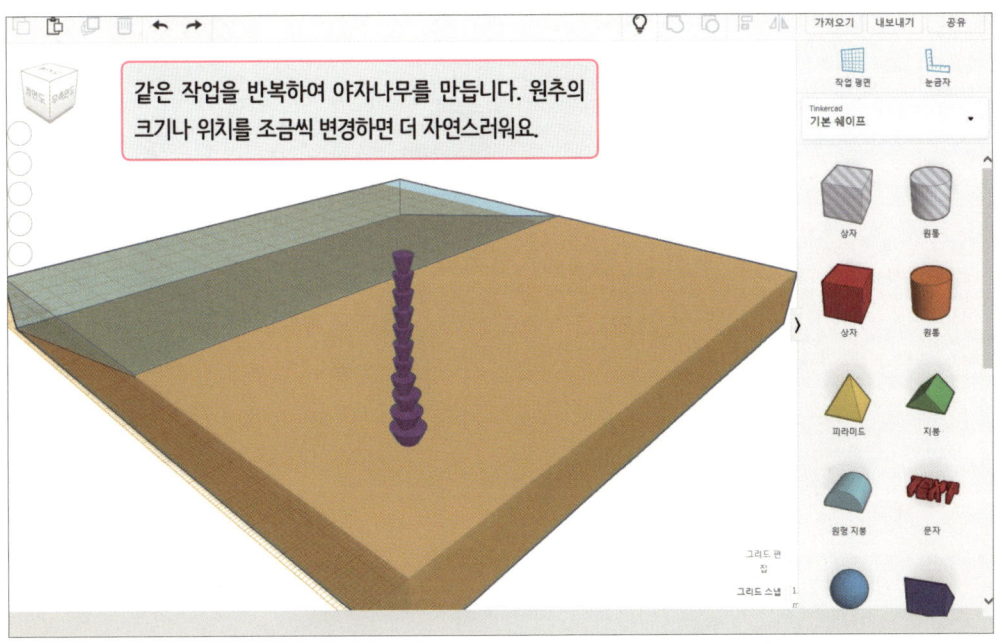

같은 작업을 반복하여 야자나무를 만듭니다. 원추의 크기나 위치를 조금씩 변경하면 더 자연스러워요.

9 야자나무 잎 만들기

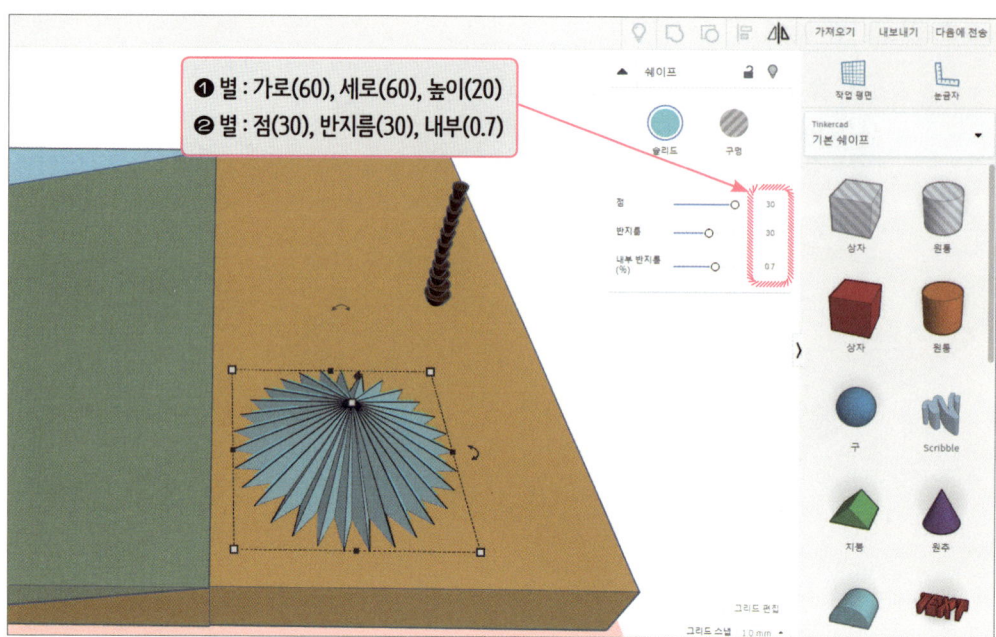

❶ 별 : 가로(60), 세로(60), 높이(20)
❷ 별 : 점(30), 반지름(30), 내부(0.7)

10 야자나무 복사하기

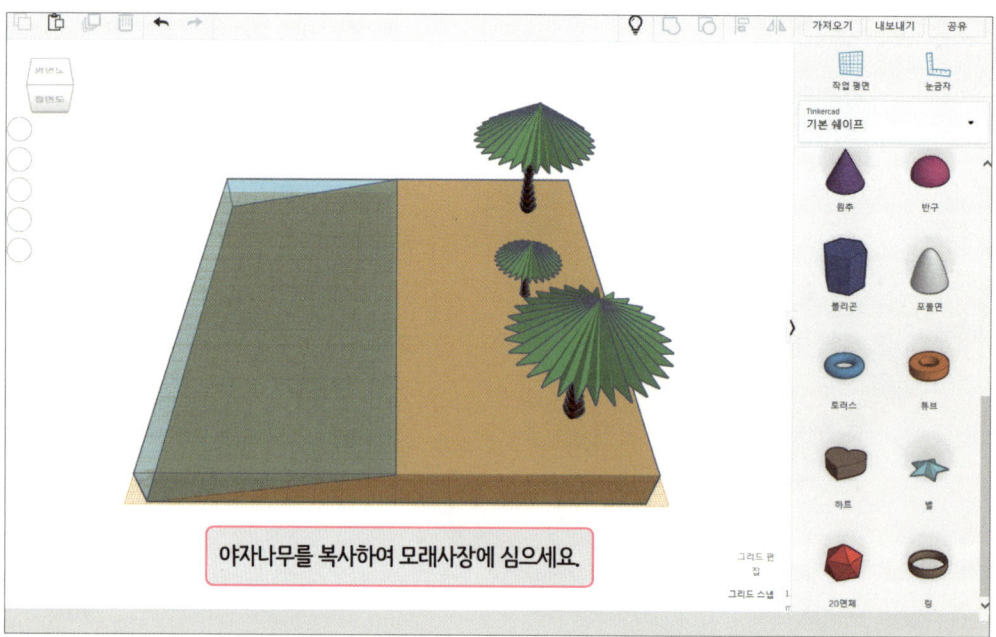

야자나무를 복사하여 모래사장에 심으세요.

11 파라솔 만들기

❶ 피라미드 : 가로(30), 세로(30), 높이(10)
❷ 피라미드 : 측면(6)

12 파라솔 가운데 파기

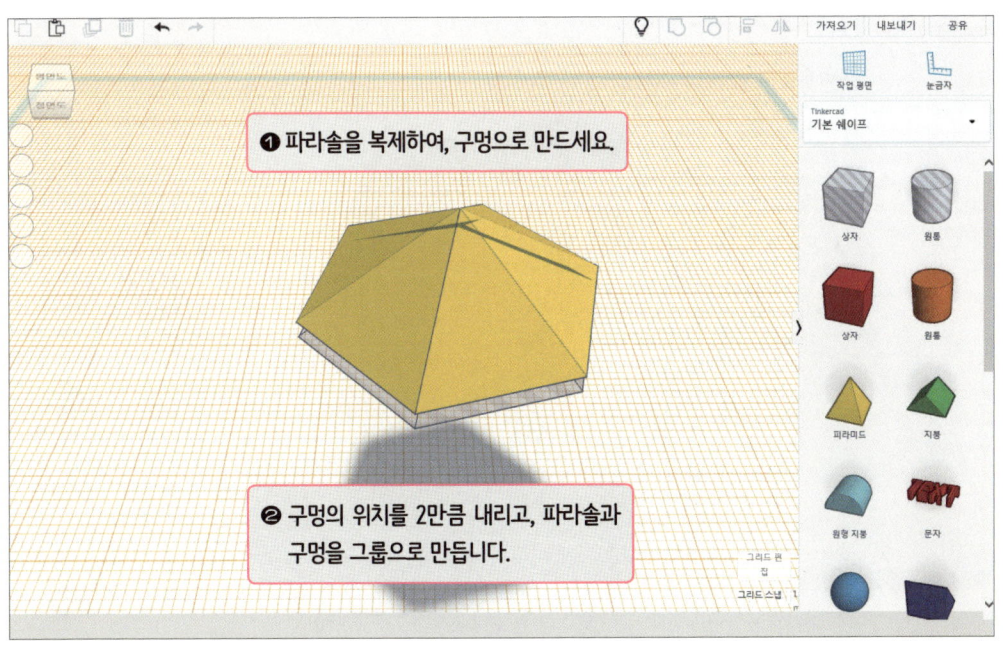

❶ 파라솔을 복제하여, 구멍으로 만드세요.
❷ 구멍의 위치를 2만큼 내리고, 파라솔과 구멍을 그룹으로 만듭니다.

13 파라솔 기둥 세우기

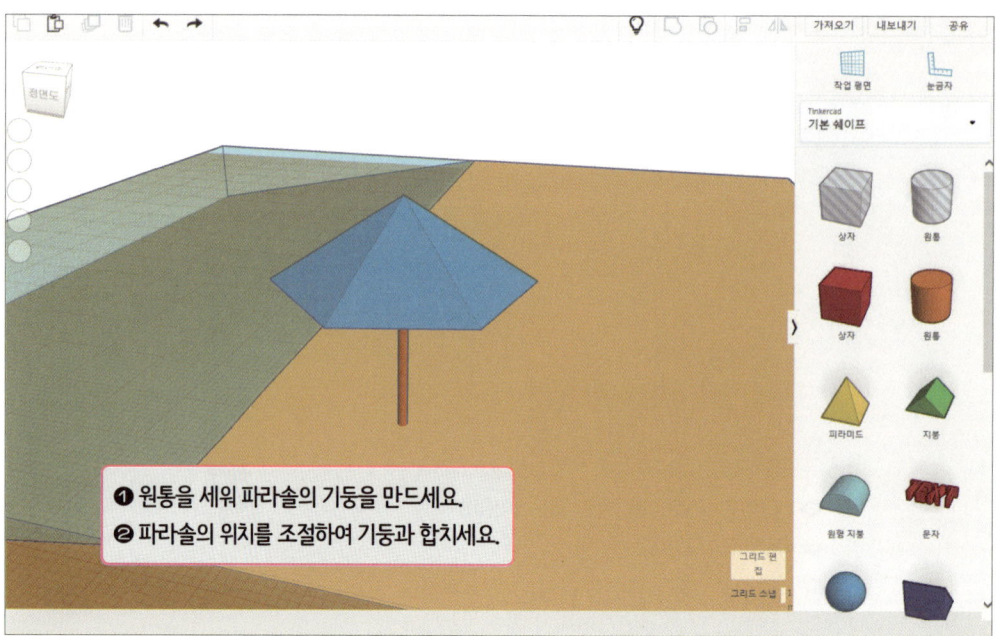

❶ 원통을 세워 파라솔의 기둥을 만드세요.
❷ 파라솔의 위치를 조절하여 기둥과 합치세요.

14 파라솔 복사하기

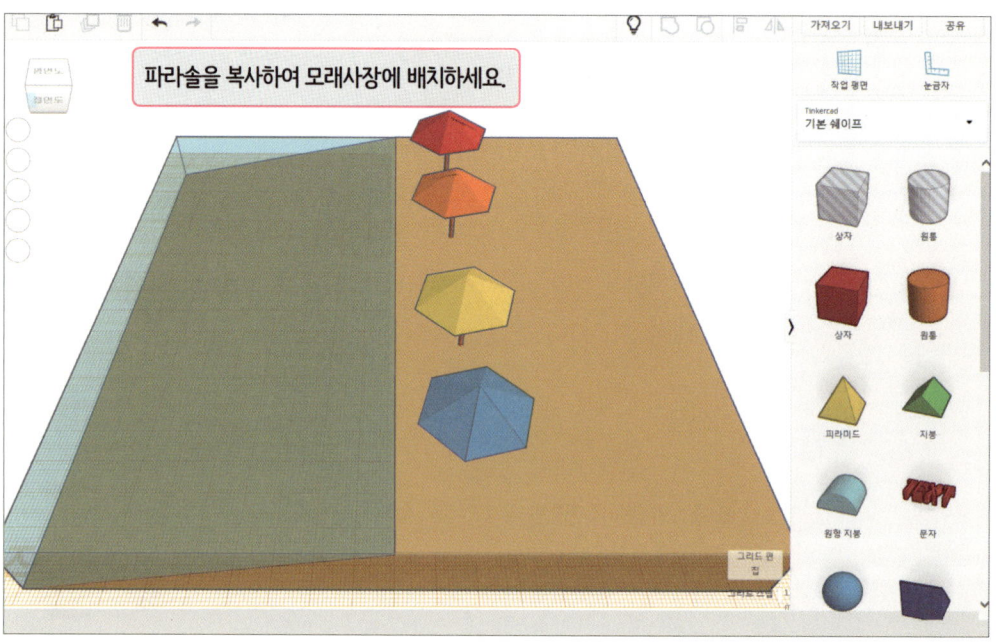

파라솔을 복사하여 모래사장에 배치하세요.

15 선베드 만들기 1

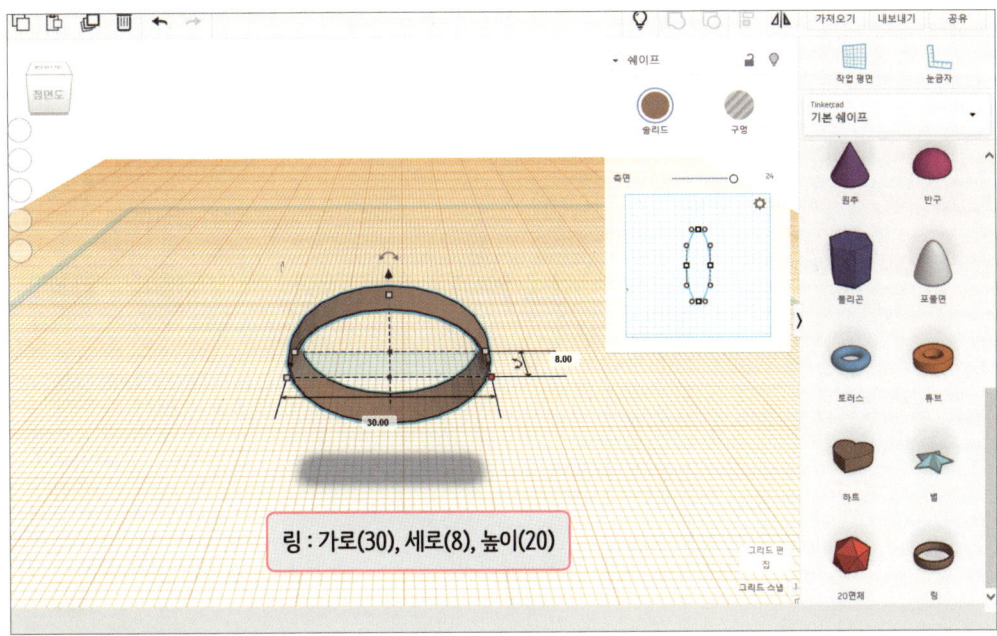

링 : 가로(30), 세로(8), 높이(20)

16 선베드 만들기 2

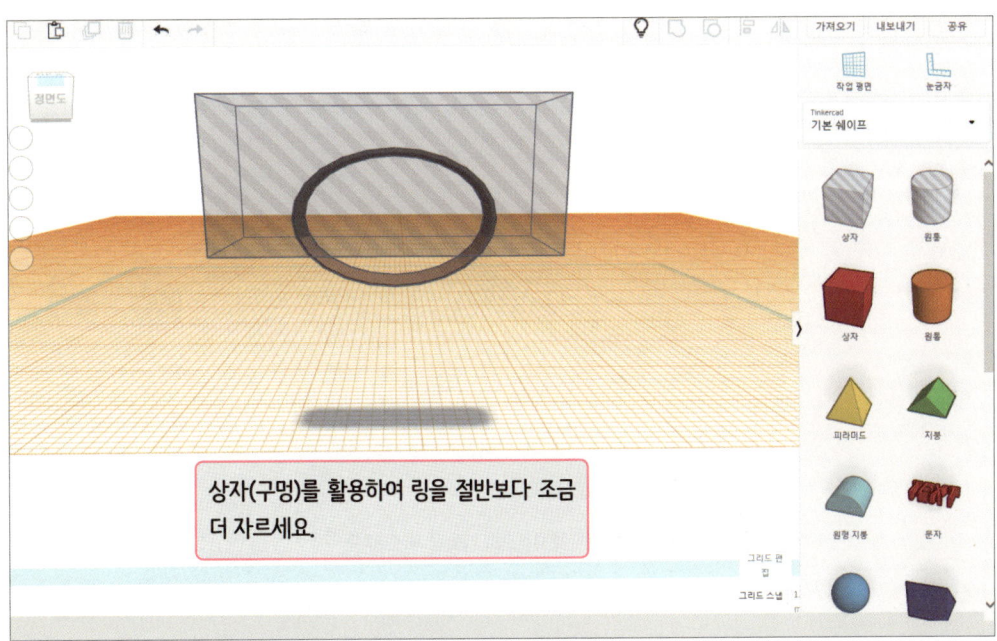

상자(구멍)를 활용하여 링을 절반보다 조금 더 자르세요.

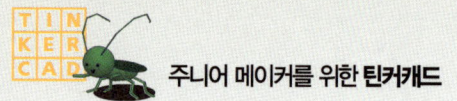

17 선베드 만들기 3

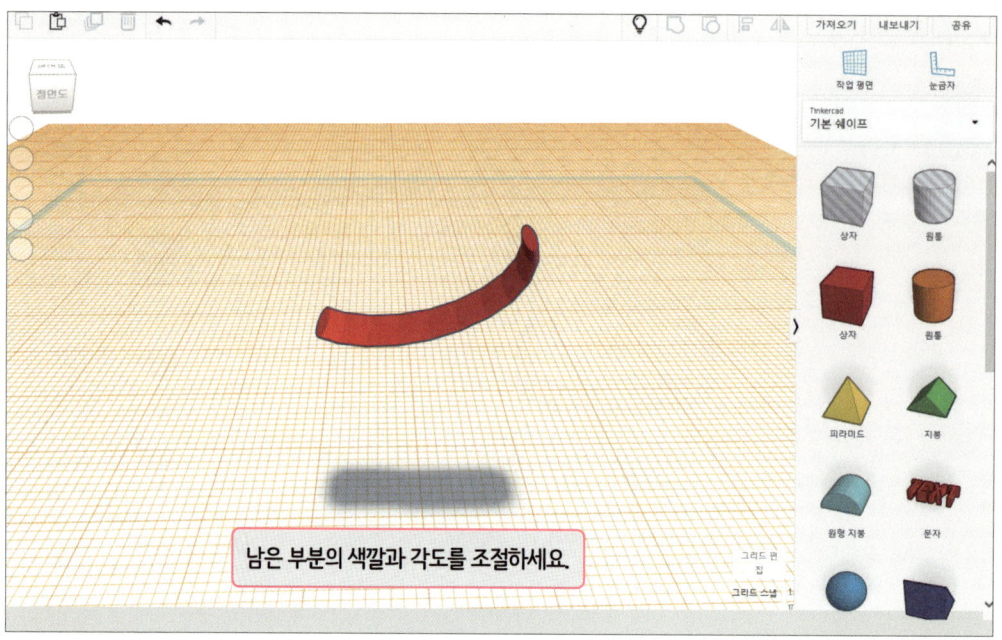

남은 부분의 색깔과 각도를 조절하세요.

18 선베드 만들기 4

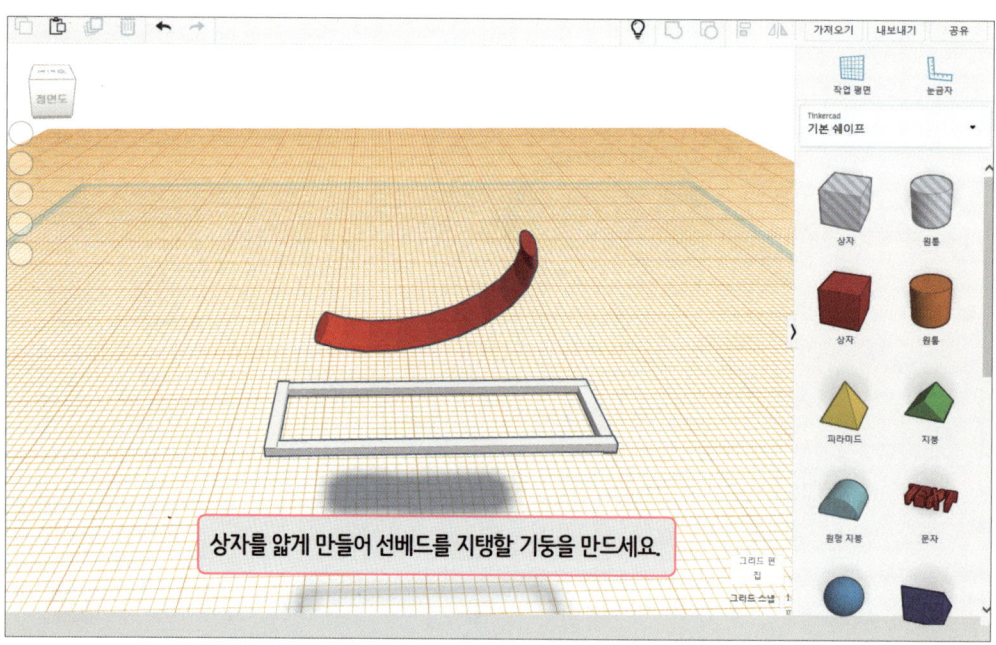

상자를 얇게 만들어 선베드를 지탱할 기둥을 만드세요.

19 선베드 완성

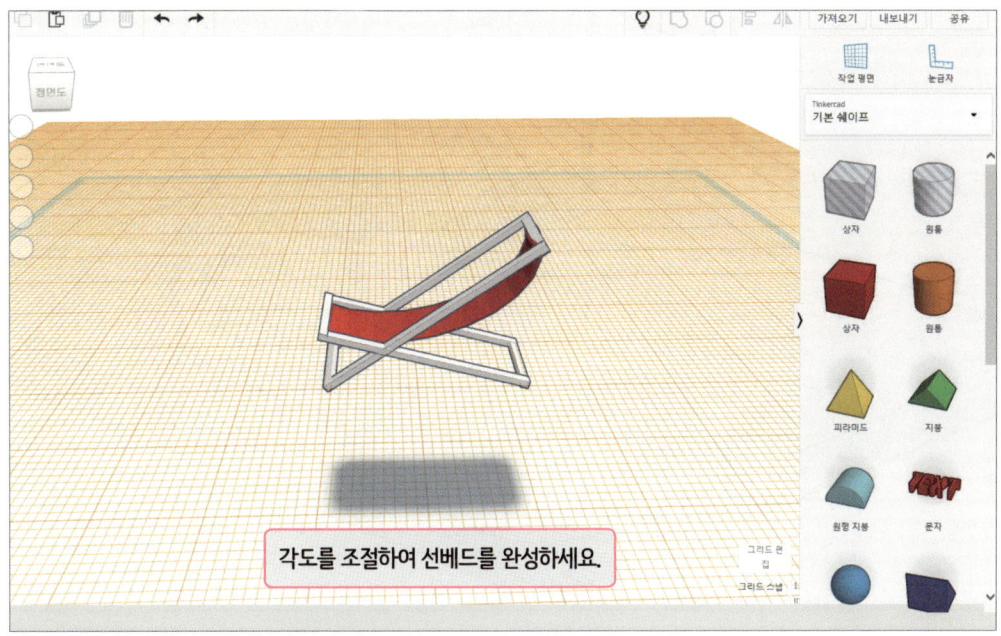

각도를 조절하여 선베드를 완성하세요.

20 해변 완성

전체적인 위치와 균형을 확인하세요.

3 더 나아가기

여름 3

MISSON 9 열심히 일한 개미에게 시원한 과일을 하나 만들어 주세요.

개미의 과일 만들기

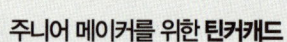

38~39쪽을 참고해서 과일을 직접 디자인해 보고, 기본 도형으로 분해해 보자.

어떤 기본 도형부터 만들면 좋을까?
만드는 순서를 생각해서 ①, ②, ③ … 번호도 적어 볼까?

3 | 여름(Summer), 무더운 여름 나기

 **MISSON 10** 베짱이가 물놀이를 더 재미있게 하기 위해 바다에 띄울 배를 만들어 주세요.

 베짱이의 배 만들기

38~39쪽을 참고해서 과일을 직접 디자인해 보고, 기본 도형으로 분해해 보자.

어떤 기본 도형부터 만들면 좋을까?
만드는 순서를 생각해서 ①, ②, ③ … 번호도 적어 볼까?

쉬어가기

VR(가상현실), AR(증강현실)

모두들 재미있었나요? 나는 가상현실의 개념을 처음으로 정립한 **마이런 크루거(Myron Krueger)**입니다.
VR과 AR의 차이는, VR로 공룡 시대를 탐험할 수 있다면 AR로는 현실에 공룡이 뛰어다니는 것을 볼 수 있다는 겁니다.
다시 말해, VR은 완전한 가상현실을 말하는데, VR 기기 안의 세상과 현실과는 아무 상관이 없는 것이지요.
하지만 AR은 현실 공간과 관련이 있는데, 현실 공간에 가상 효과를 뒤집어씌웠다고 생각하면 됩니다.

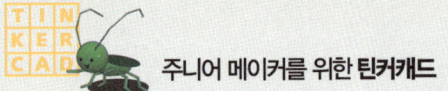

자율주행자동차

안녕! 나는 실리콘밸리에서 스타트업을 운영하는 **조지 호츠**(George Hotz)예요. 딥러닝 기반의 자율주행자동차를 선보였지요. 여러분이 걱정하는 거 하나하나 반박해 볼 테니 잘 들어요. 먼저 자율주행자동차는 사람이 운전하는 것보다 사고가 날 확률이 매우 적어요. 자율주행자동차가 사고를 낸다면 누가 책임을 지냐고요? 또 누군가가 해킹한다면? 그래요, 끔찍할 겁니다. 그러나 걱정하지 말아요. 자율주행자동차는 해킹으로부터 안전한 플랫폼으로 만들어지고 있고, 보안과 관련된 기술들도 점점 발전하고 있으니까요. 사실 그러한 문제들이 다 해결되고 난 뒤에야 자율주행자동차가 씽씽 달리는 세상이 올 테니 걱정하지 않아도 됩니다. 운전을 배울 필요도 없을 테고요.

CHAPTER

가을(Autumn), 세상이 무르익다

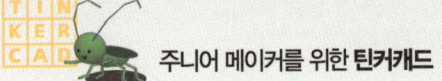

 가을(Autumn), 세상이 무르익다

 개미의 곡식창고 만들기

가을 1

 개미가 가을에 추수한 곡식을 모아 놓을 수 있는 곡식창고와 문패를 만들어 주세요.

지구별에 있는 곡식창고를 관찰해 봅시다.

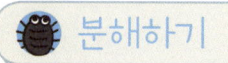 분해하기

 나는 이 곡식창고가 마음에 들어~
기본 도형을 찾은 다음, 네가 곡식창고를 더 꾸며볼래?

곡식창고를 더 꾸민 다음, 꾸민 부분은 어떤 기본 도형으로 만들면 좋을지 화살표를 연결하여 적어 보세요.

기본 도형으로 분해하기

가을(Autumn), 세상이 무르익다

나는 이렇게 계획해 보았어. 하지만 나와 달라도 괜찮아. 틴커캐드에는 다양한 방법이 있단다.

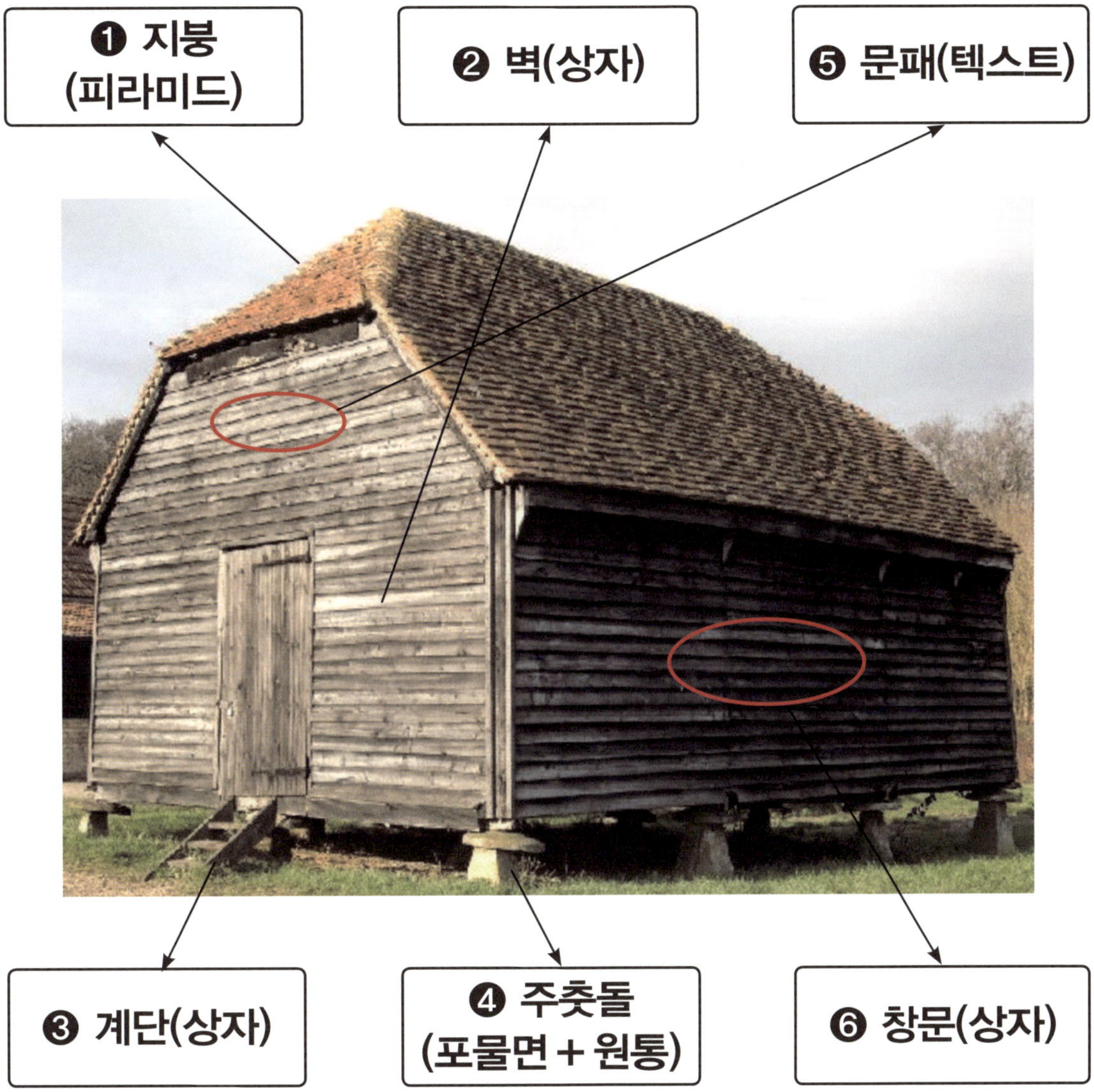

❶ 지붕(피라미드)
❷ 벽(상자)
❺ 문패(텍스트)
❸ 계단(상자)
❹ 주춧돌(포물면 + 원통)
❻ 창문(상자)

❶ 지붕 끝부분은 피라미드 모양으로 하자.
❷ 상자를 길고 얇게 널빤지처럼 만들어 연결하자.
❺ 텍스트 기능으로 문패를 만들자.
❻ 상자(구멍)를 활용하여 창문을 만들자.

조립하기

1 주춧돌 놓기

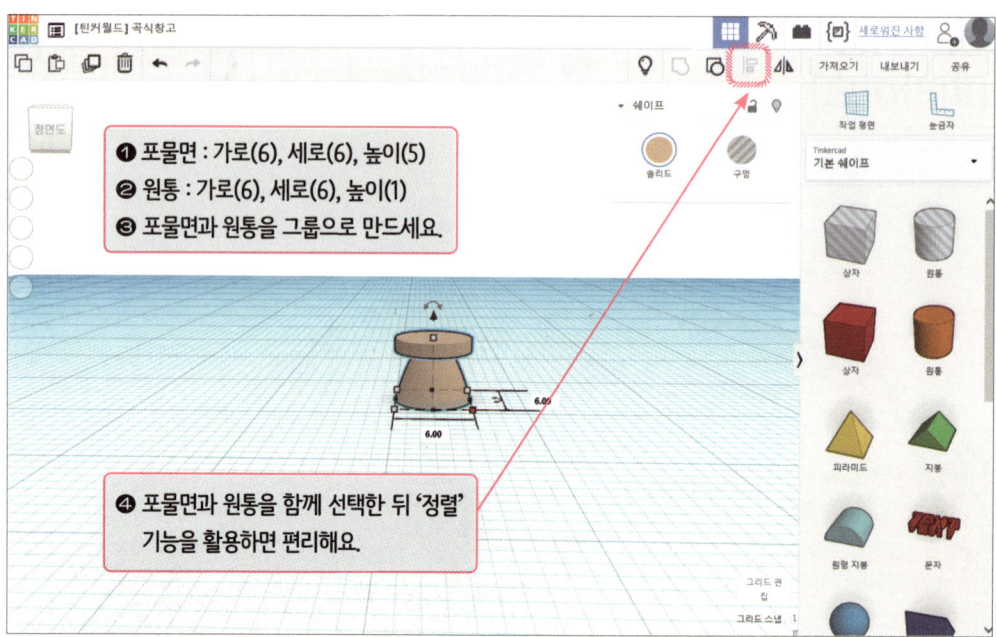

❶ 포물면 : 가로(6), 세로(6), 높이(5)
❷ 원통 : 가로(6), 세로(6), 높이(1)
❸ 포물면과 원통을 그룹으로 만드세요.
❹ 포물면과 원통을 함께 선택한 뒤 '정렬' 기능을 활용하면 편리해요.

2 주춧돌 복사하기

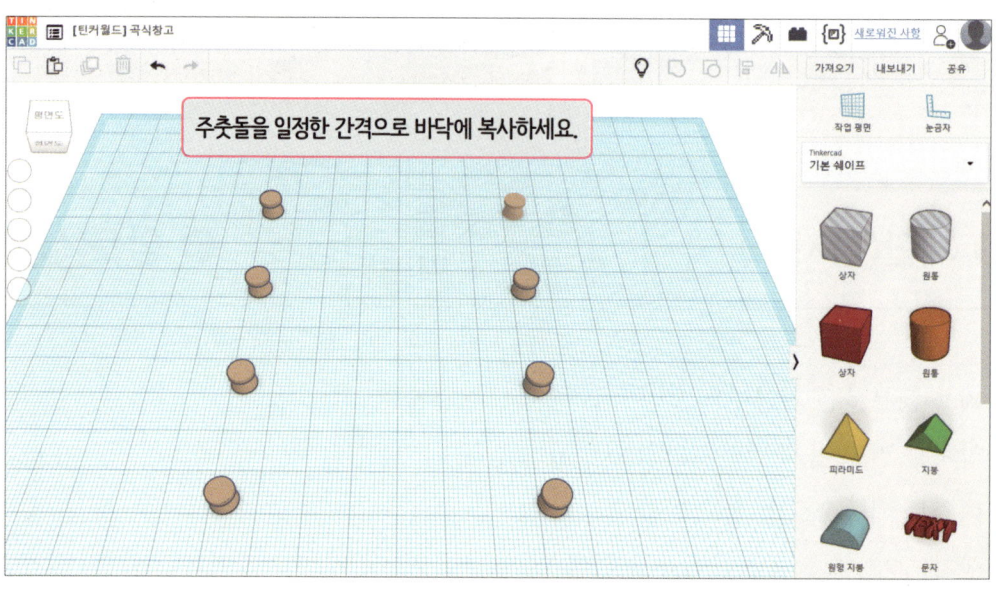

주춧돌을 일정한 간격으로 바닥에 복사하세요.

 가을(Autumn), 세상이 무르익다

 너도 이제 특수 요원이 되었으니 지금부터는 가로, 세로, 높이를 알려 주지 않는 경우도 있어!
직접 한번 해봐~

3 바닥 놓기

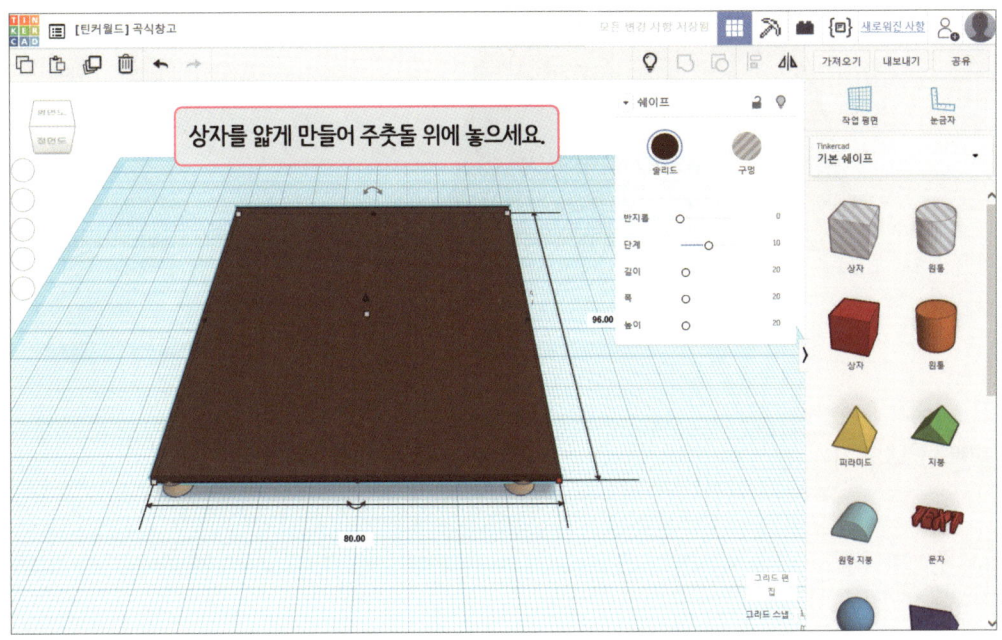

상자를 얇게 만들어 주춧돌 위에 놓으세요.

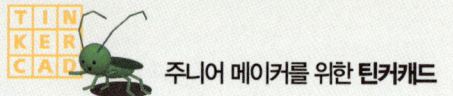

4 널빤지 만들기

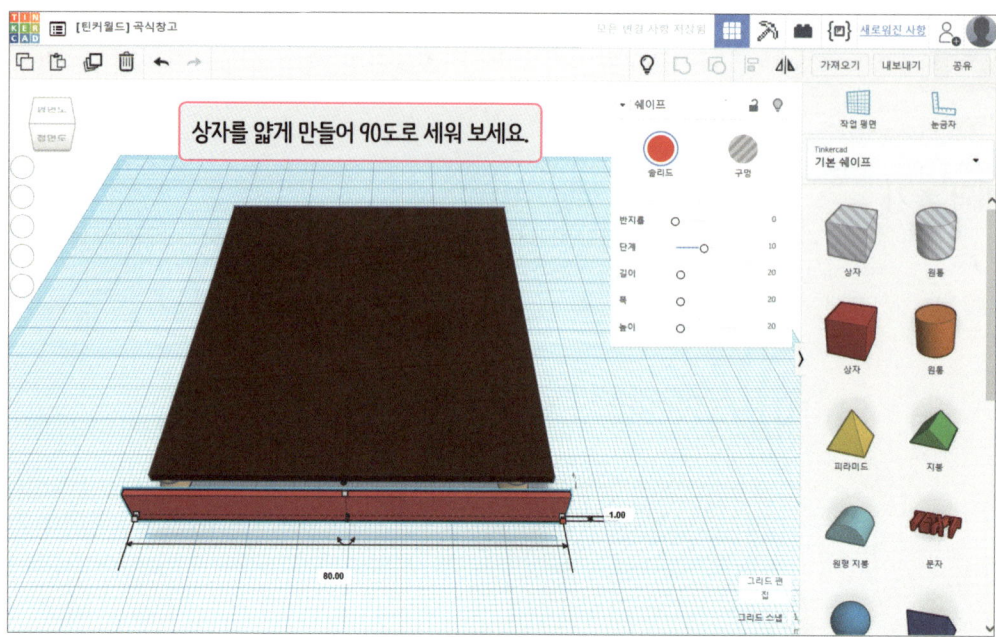

5 널빤지 세우기

4 가을(Autumn), 세상이 무르익다

6 뒷벽 세우기

❶ 널빤지를 하나 복제하고, 키보드의 화살표 키로 상승시켜 보세요.
❷ 복제한 널빤지의 색깔을 바꾸고, 기존 널빤지와 함께 선택하여 또 복제해 보세요.

7 벽 복사하기

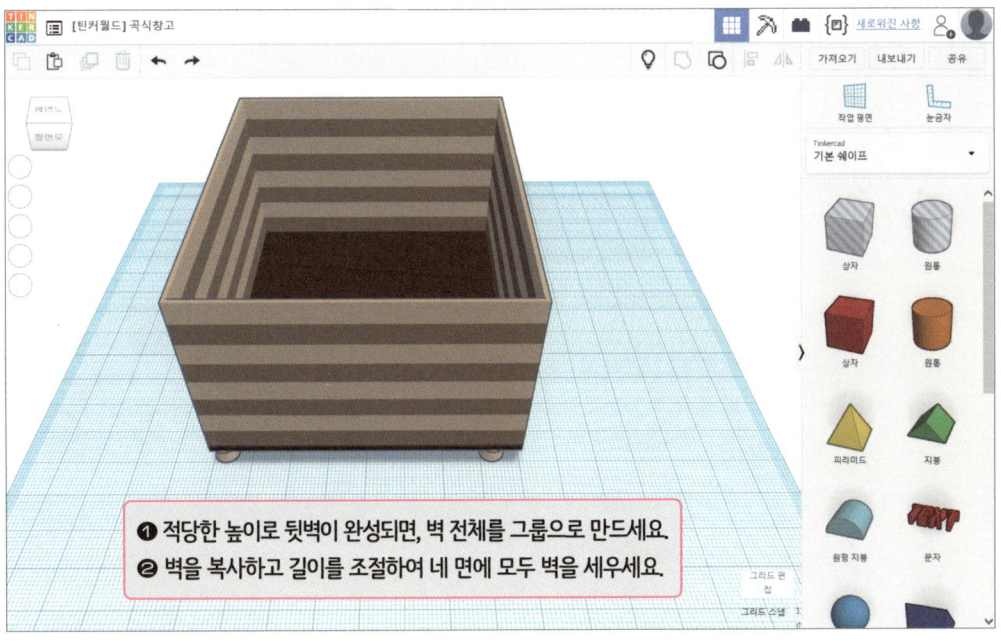

❶ 적당한 높이로 뒷벽이 완성되면, 벽 전체를 그룹으로 만드세요.
❷ 벽을 복사하고 길이를 조절하여 네 면에 모두 벽을 세우세요.

111

8 창문 구멍 뚫기

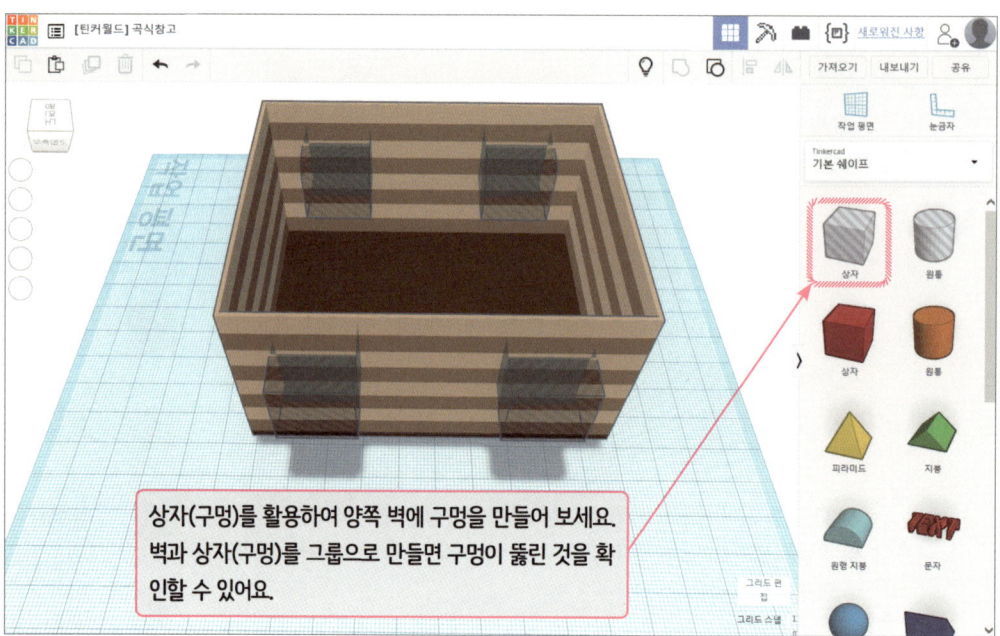

상자(구멍)를 활용하여 양쪽 벽에 구멍을 만들어 보세요. 벽과 상자(구멍)를 그룹으로 만들면 구멍이 뚫린 것을 확인할 수 있어요.

9 창문 틀 만들기

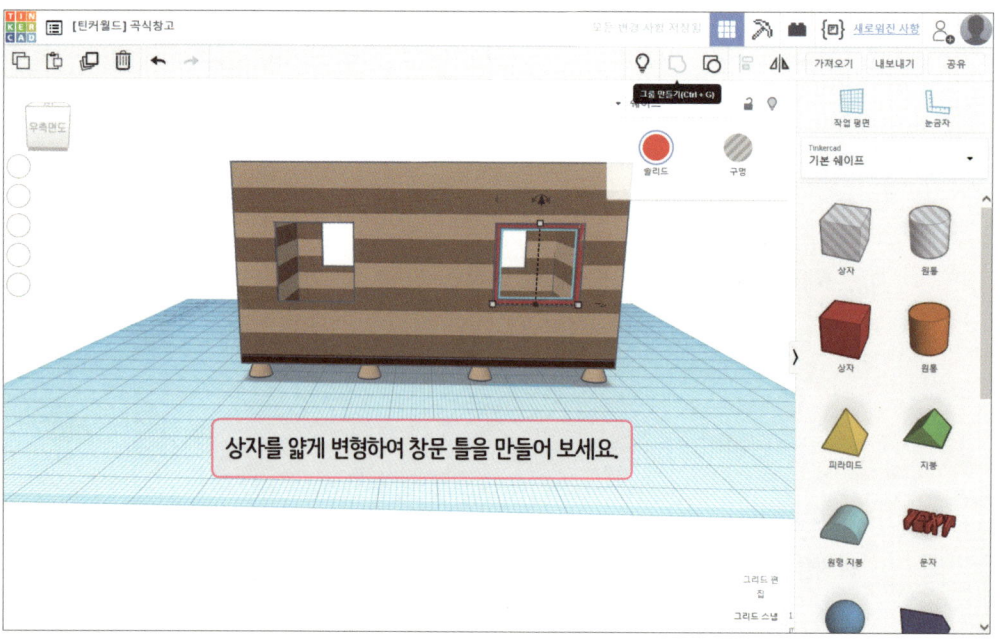

상자를 얇게 변형하여 창문 틀을 만들어 보세요.

4 가을(Autumn), 세상이 무르익다

10 창문 달기

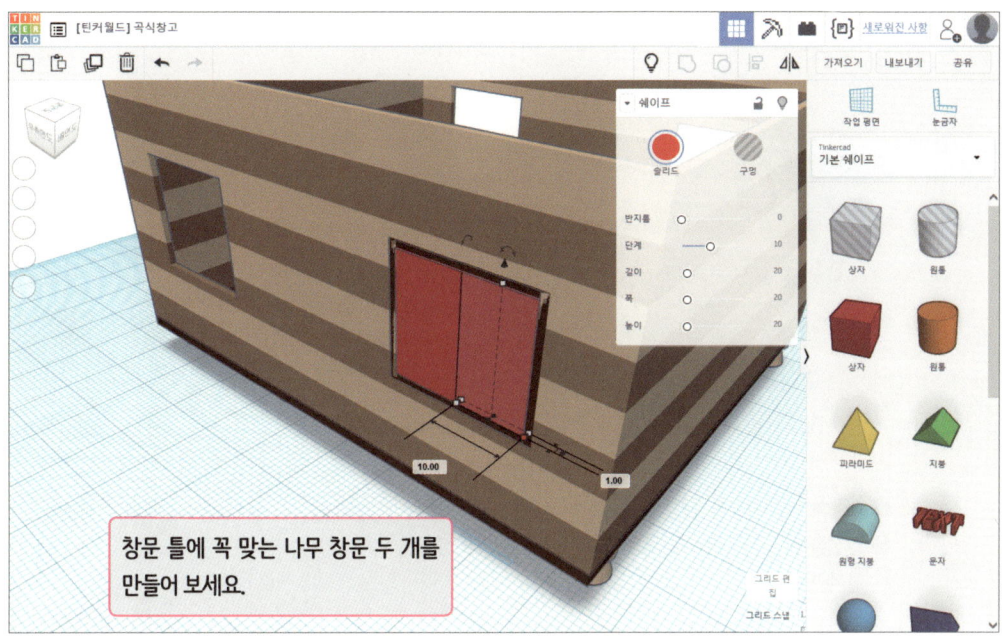

창문 틀에 꼭 맞는 나무 창문 두 개를 만들어 보세요.

11 창문 열기

❶ 나무 창문의 각도를 조절하여 열린 것처럼 만들어 보세요.
❷ 창문이 완성되면 그룹으로 만드세요.

12 창문 복사하기

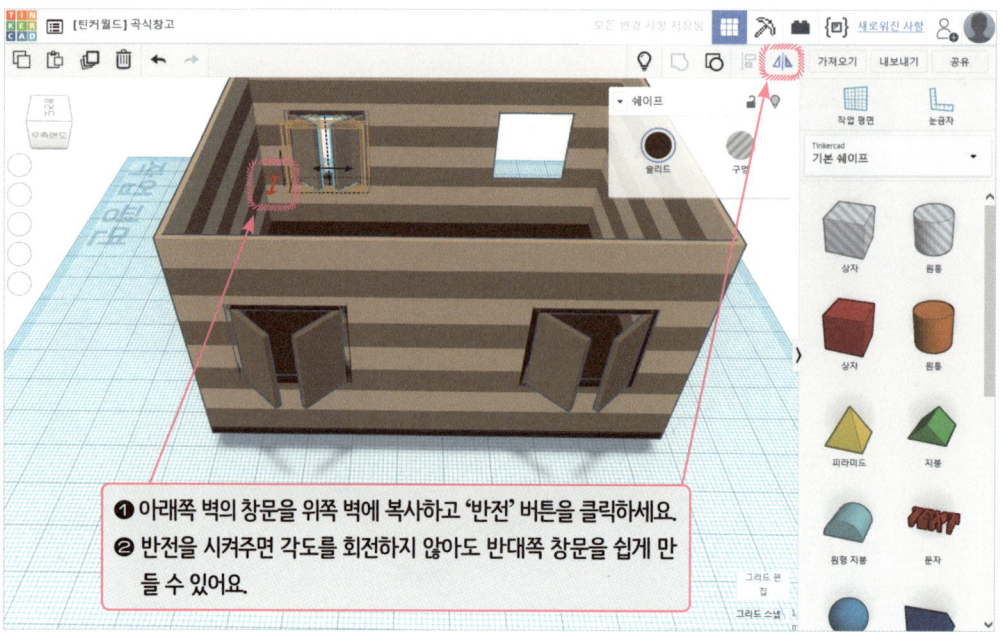

❶ 아래쪽 벽의 창문을 위쪽 벽에 복사하고 '반전' 버튼을 클릭하세요.
❷ 반전을 시켜주면 각도를 회전하지 않아도 반대쪽 창문을 쉽게 만들 수 있어요.

13 입구문 구멍 뚫기

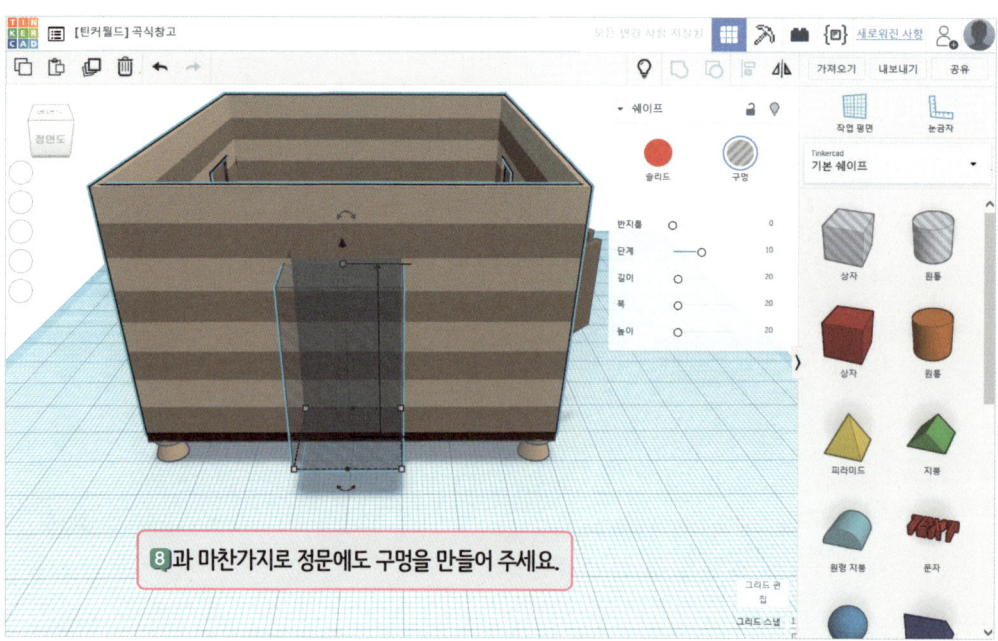

❽과 마찬가지로 정문에도 구멍을 만들어 주세요.

4 | 가을(Autumn), 세상이 무르익다

14 입구문 달기

❶ 9처럼 문 틀을 만드세요.
❷ 10처럼 널빤지로 문을 만들고, 작은 문고리를 달아 주세요.

15 지붕 만들기

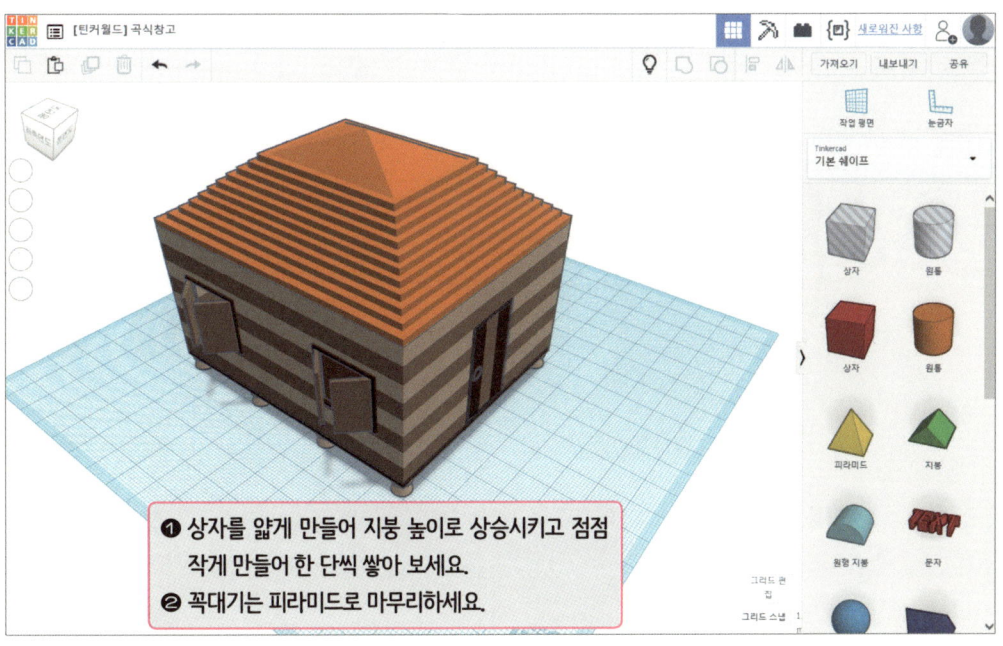

❶ 상자를 얇게 만들어 지붕 높이로 상승시키고 점점 작게 만들어 한 단씩 쌓아 보세요.
❷ 꼭대기는 피라미드로 마무리하세요.

16 계단 만들기

❶ 상자를 널빤지 모양으로 만들어 계단을 만드세요.
❷ 계단 옆면은 널빤지의 각도를 조절하여 만드세요.

17 문패 만들기

상자를 얇게 하여 적당한 크기의 문패를 만들어 보세요.

 가을(Autumn), 세상이 무르익다

18 문패에 이름 새기기 1

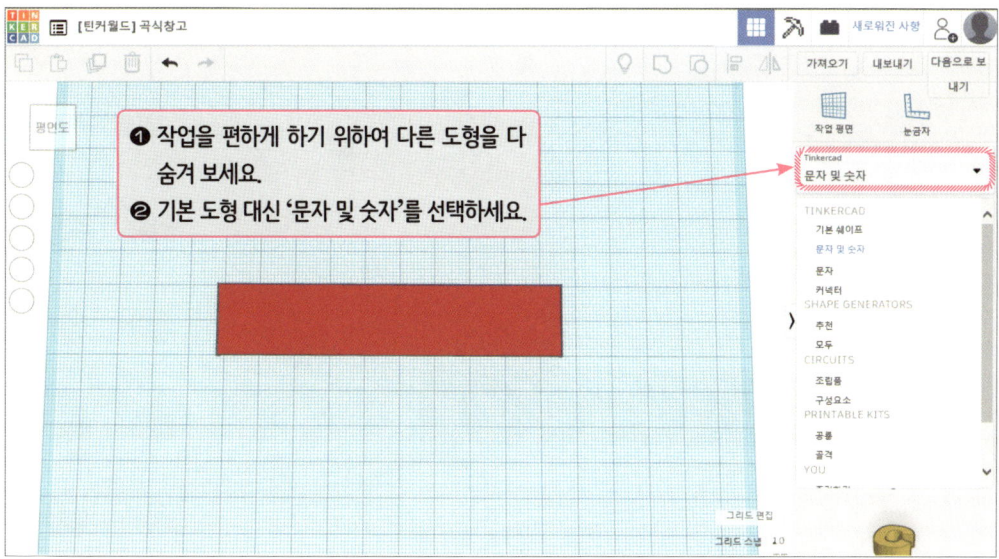

19 문패에 이름 새기기 2

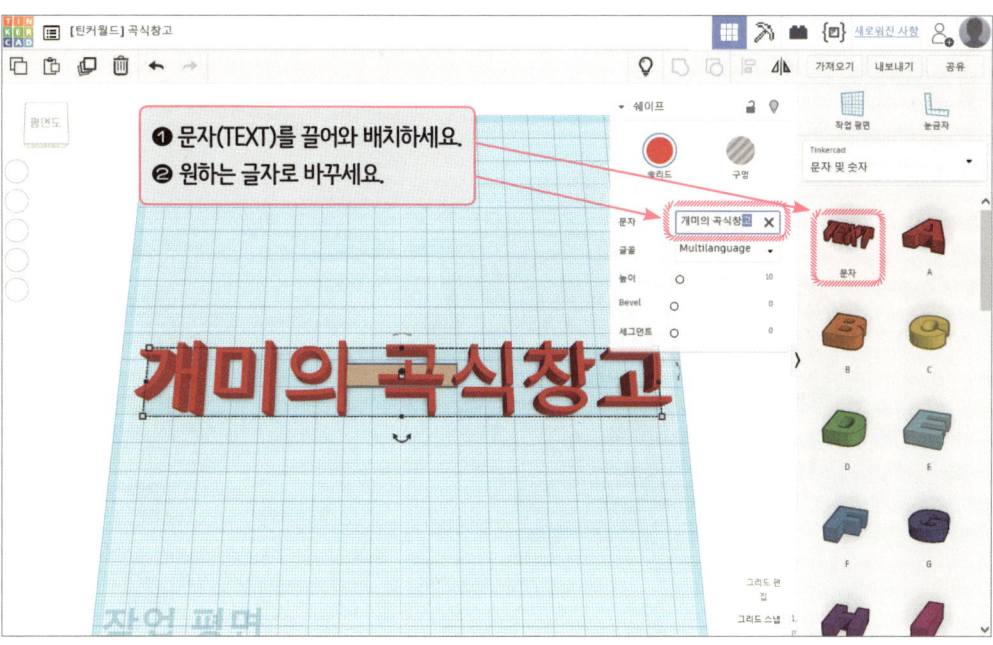

20 문패에 이름 새기기 3

글자의 크기와 위치를 조절하세요.

21 곡식창고 완성

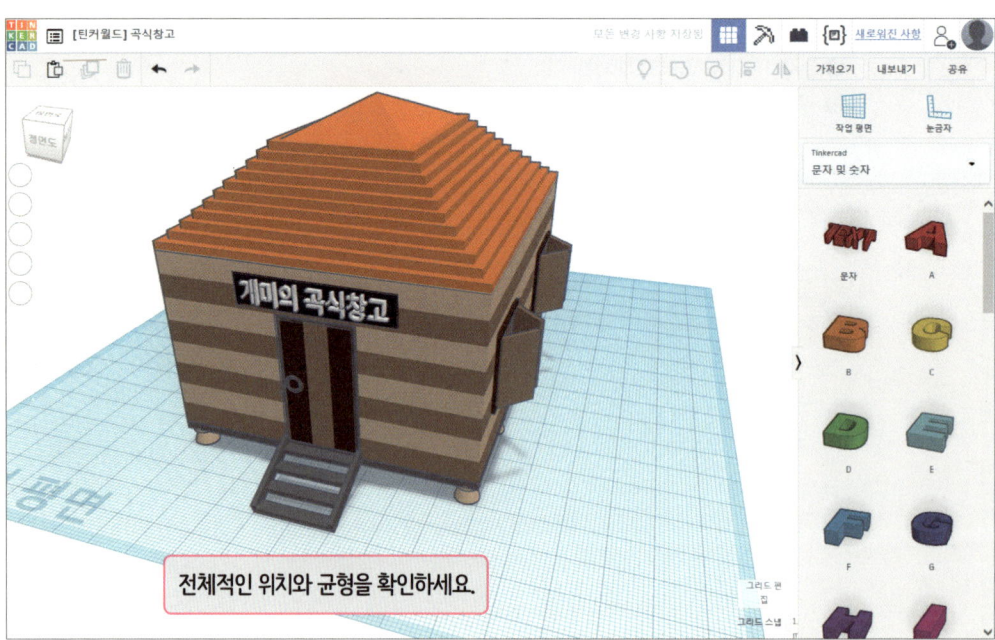

전체적인 위치와 균형을 확인하세요.

4 | 가을(Autumn), 세상이 무르익다

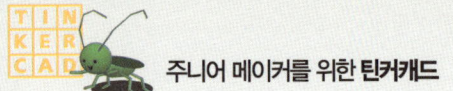

2 베짱이의 공연무대 만들기 | 가을 2

MISSION 12 베짱이가 노래 솜씨를 뽐낼 수 있도록 공연무대를 만들어 주세요.

 구상하기

지구별에 있는 공연무대를 관찰해 봅시다.

가을(Autumn), 세상이 무르익다

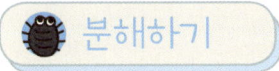 분해하기

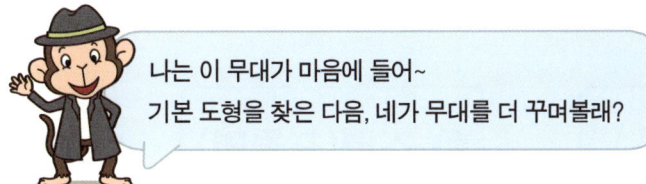

나는 이 무대가 마음에 들어~
기본 도형을 찾은 다음, 네가 무대를 더 꾸며볼래?

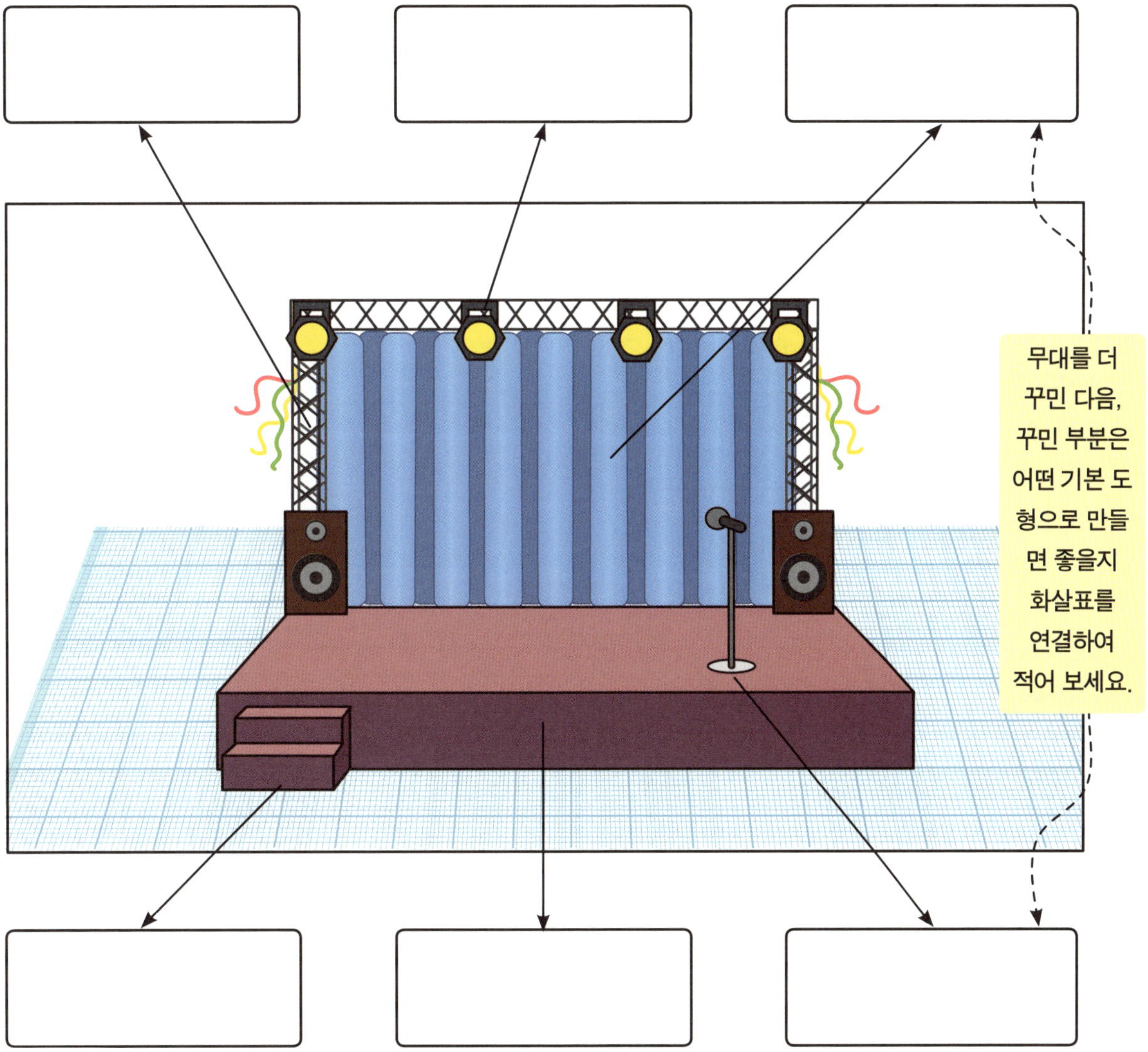

무대를 더 꾸민 다음, 꾸민 부분은 어떤 기본 도형으로 만들면 좋을지 화살표를 연결하여 적어 보세요.

기본 도형으로 분해하기

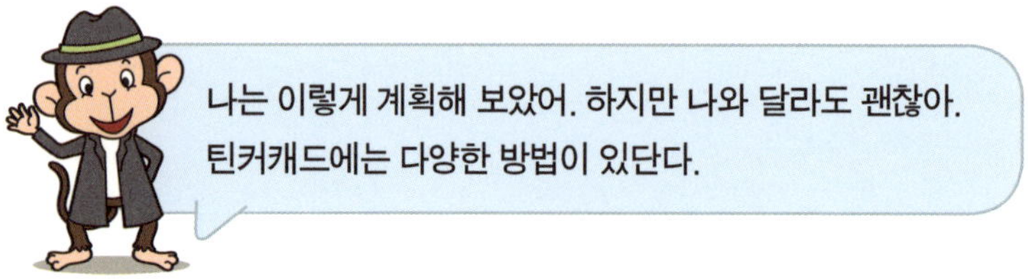

나는 이렇게 계획해 보았어. 하지만 나와 달라도 괜찮아.
틴커캐드에는 다양한 방법이 있단다.

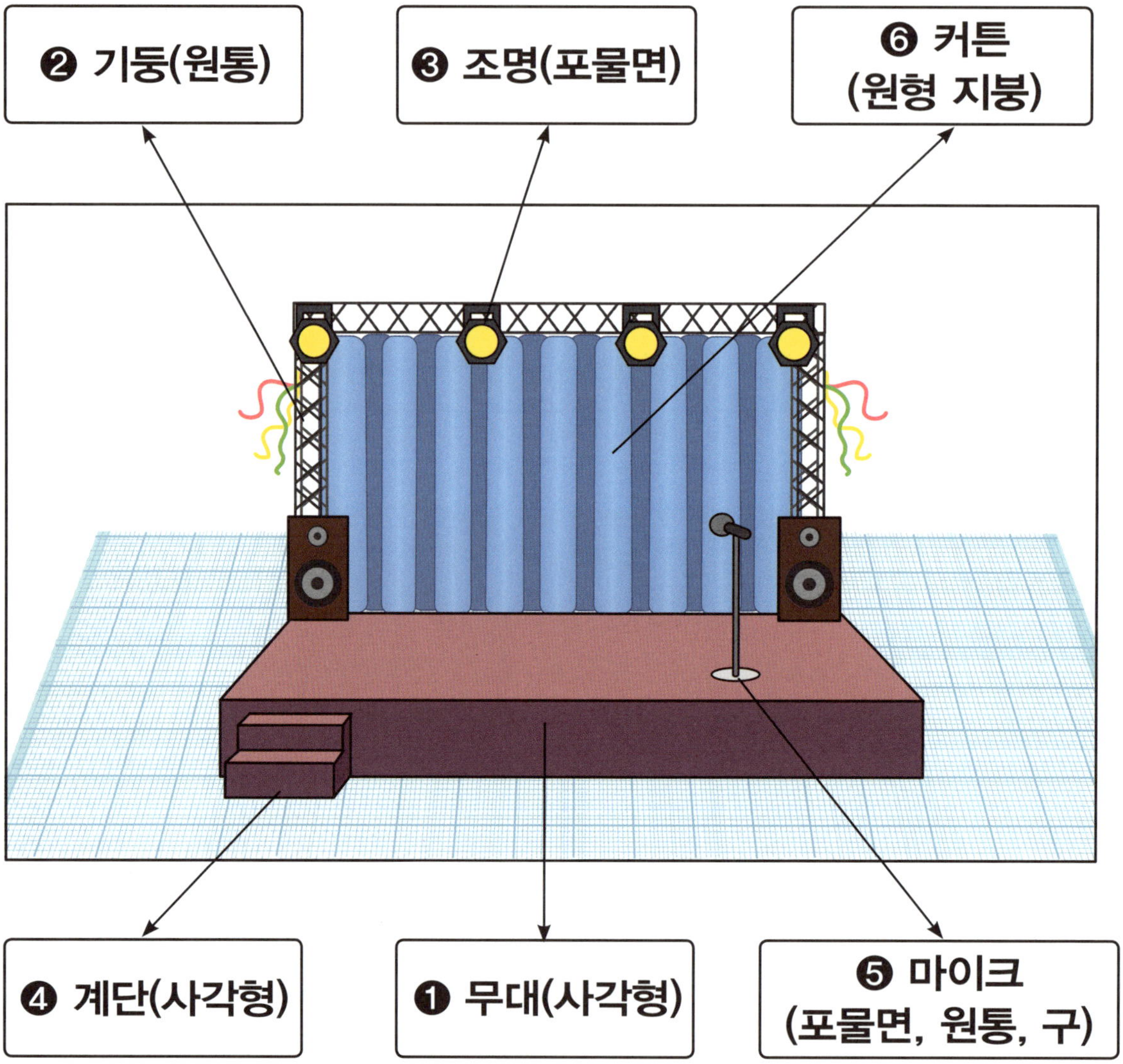

❷ 기둥(원통) ❸ 조명(포물면) ❻ 커튼(원형 지붕)

❹ 계단(사각형) ❶ 무대(사각형) ❺ 마이크(포물면, 원통, 구)

❷ 조명을 달기 위한 기둥은 원통 모양을 연결하자.

❸ 조명은 포물면으로 만들자.

❹ 무대에 오르기 위한 계단을 사각형으로 만들자.

❺ 포물면, 원통, 구로 마이크를 만들자.

❻ 원형 지붕으로 커튼을 만들자.

가을(Autumn), 세상이 무르익다

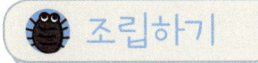

1 무대 만들기

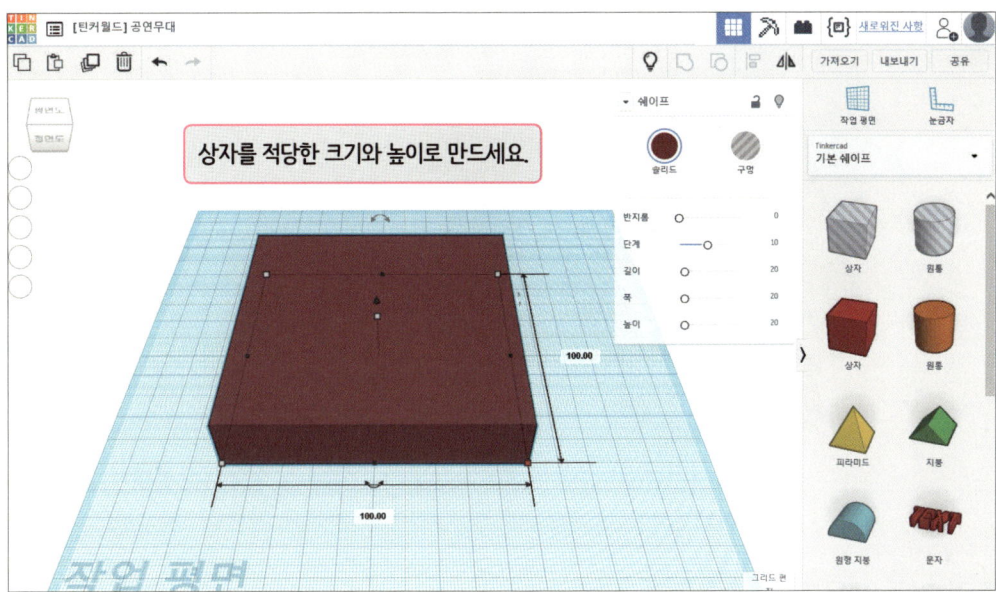

2 무대 테두리 만들기

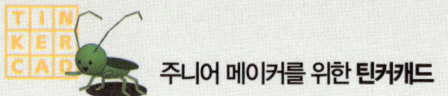

3 계단 만들기

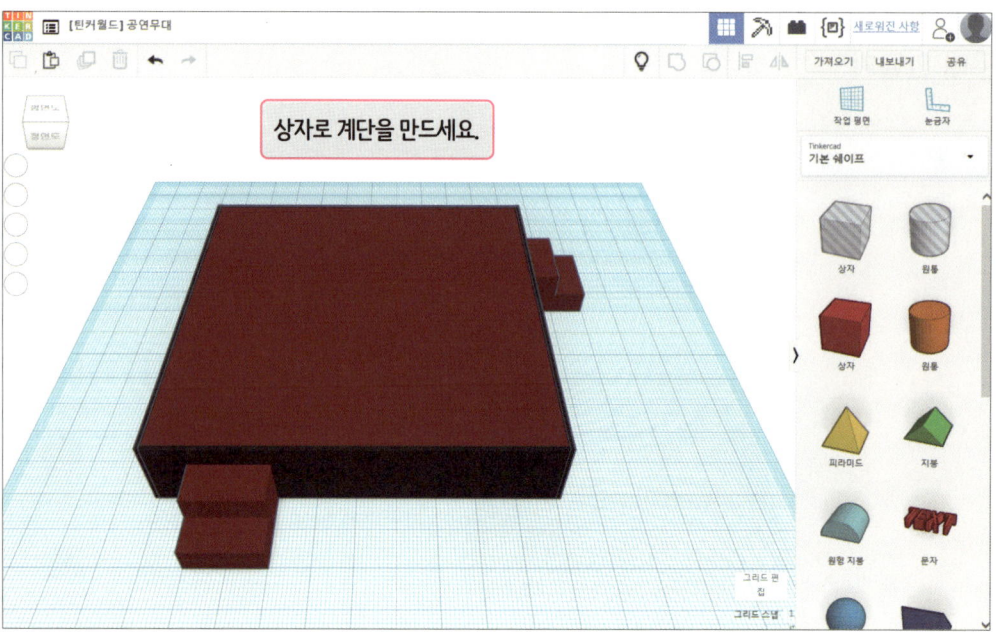

4 조명 기둥 세우기

4 가을(Autumn), 세상이 무르익다

5 조명 기둥 복사하기

조명 기둥을 복사하여 위의 그림과 같이 만들어 보세요.

6 조명 커버 만들기

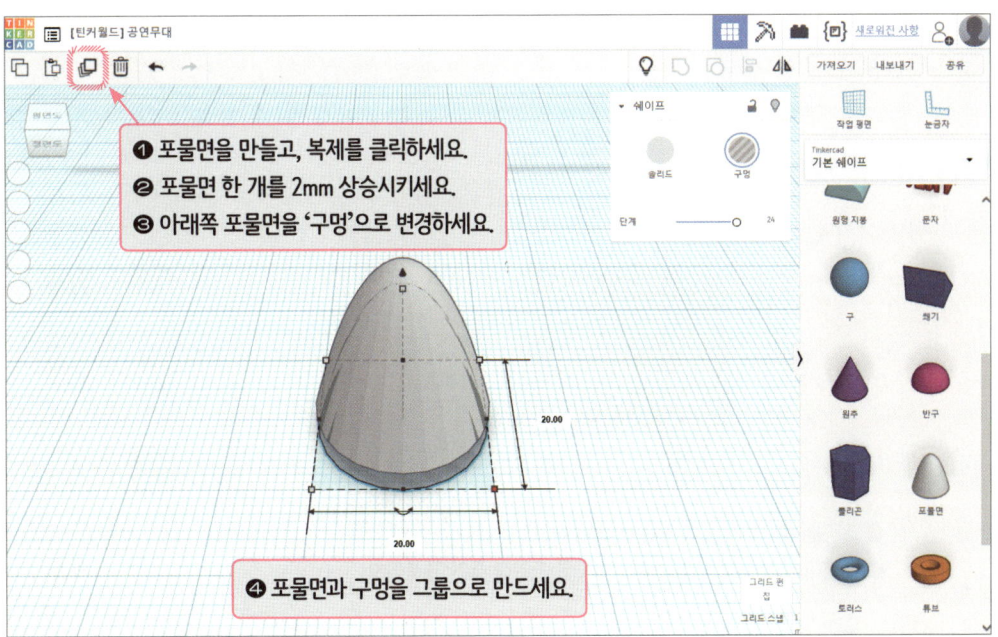

❶ 포물면을 만들고, 복제를 클릭하세요.
❷ 포물면 한 개를 2mm 상승시키세요.
❸ 아래쪽 포물면을 '구멍'으로 변경하세요.
❹ 포물면과 구멍을 그룹으로 만드세요.

7 조명 전구 만들기

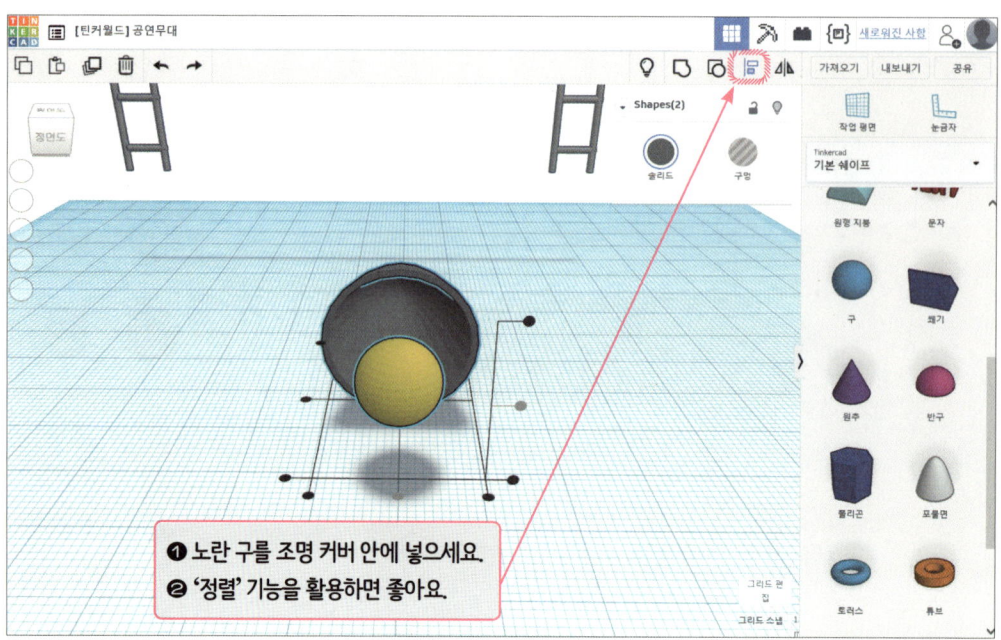

❶ 노란 구를 조명 커버 안에 넣으세요.
❷ '정렬' 기능을 활용하면 좋아요.

8 조명 복사하기

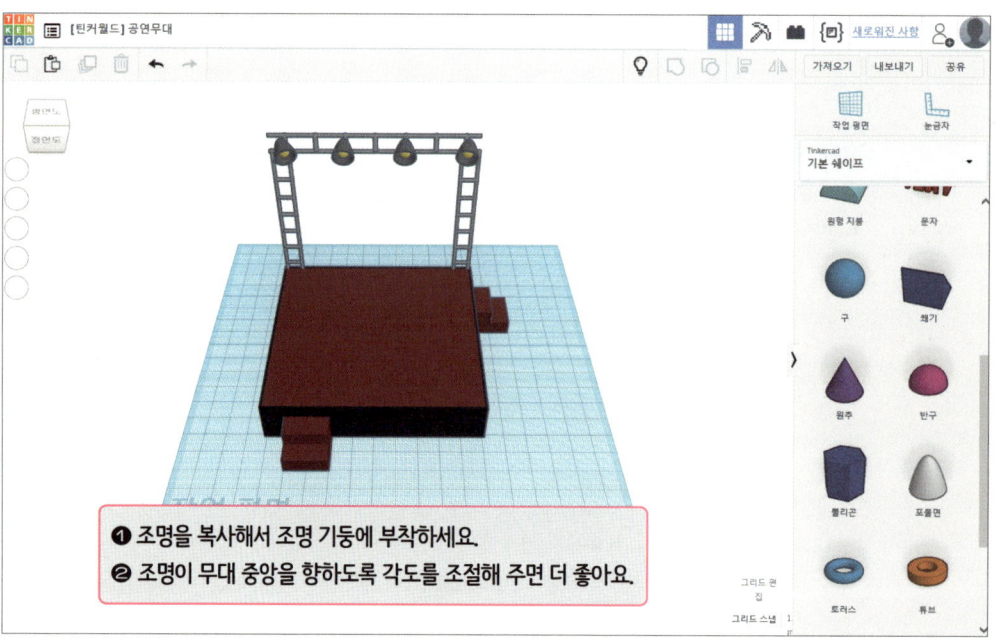

❶ 조명을 복사해서 조명 기둥에 부착하세요.
❷ 조명이 무대 중앙을 향하도록 각도를 조절해 주면 더 좋아요.

9 스탠딩 마이크 만들기 1

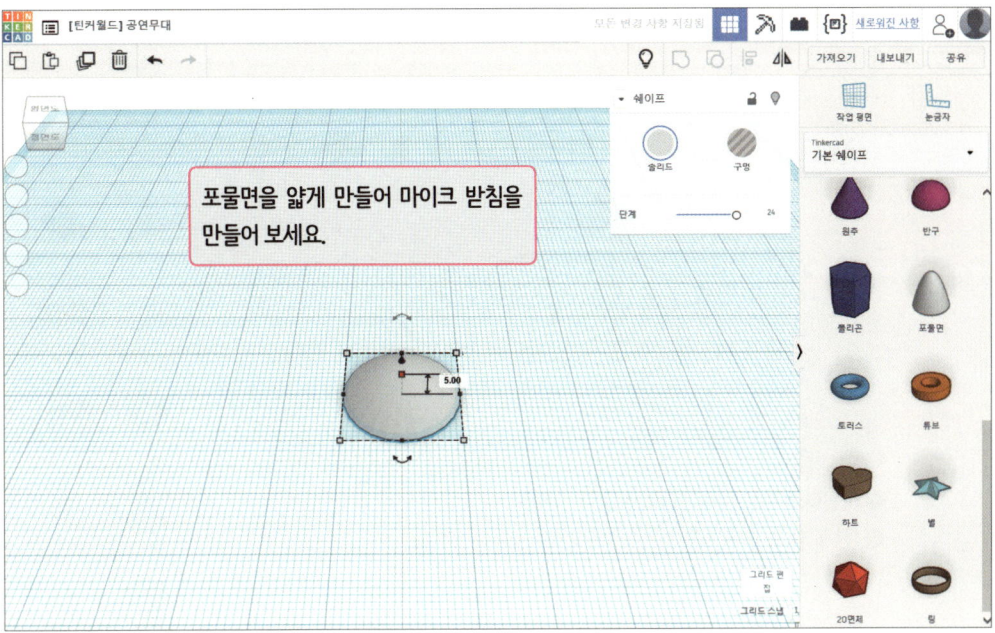

10 스탠딩 마이크 만들기 2

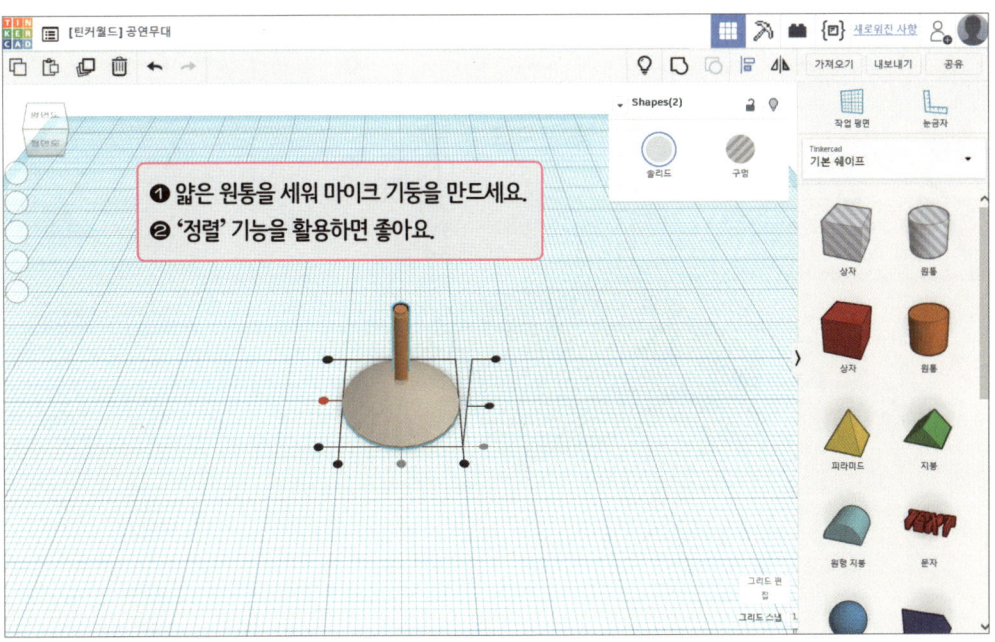

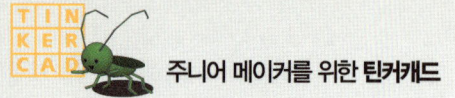

11 스탠딩 마이크 완성

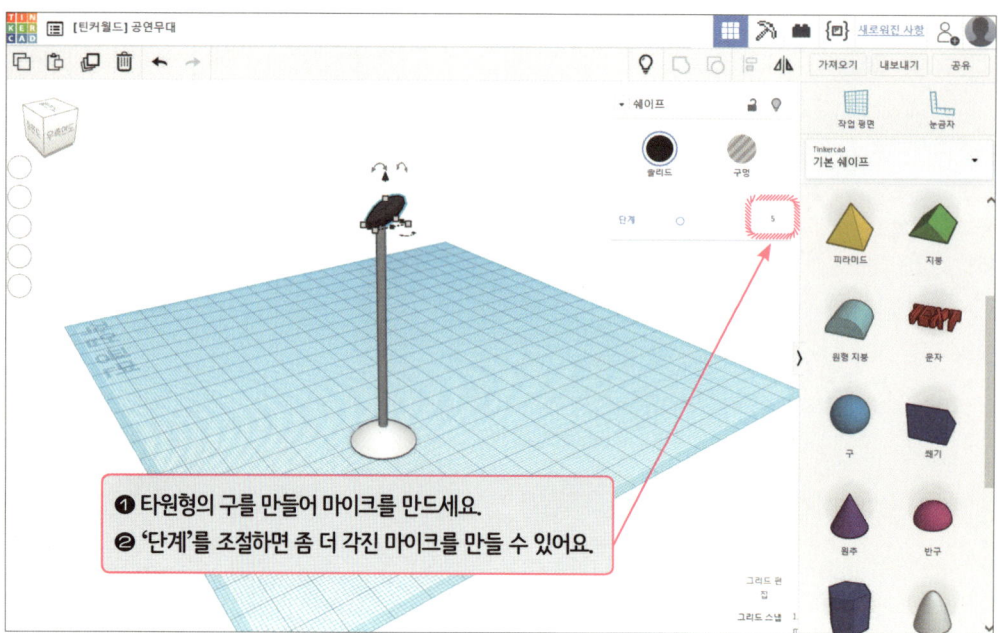

❶ 타원형의 구를 만들어 마이크를 만드세요.
❷ '단계'를 조절하면 좀 더 각진 마이크를 만들 수 있어요.

12 스탠딩 마이크 배치하기

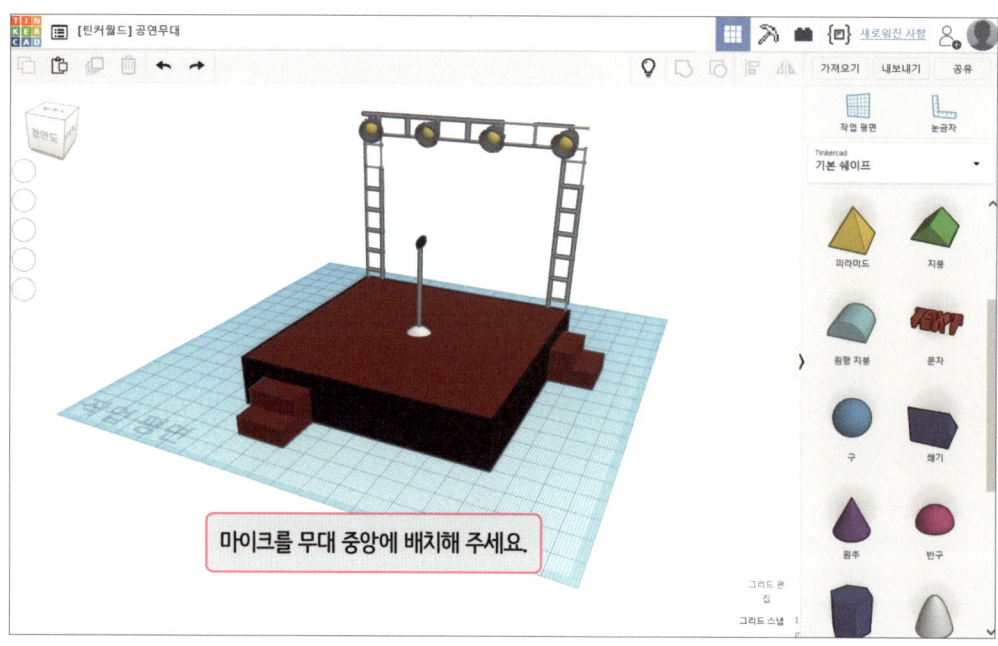

마이크를 무대 중앙에 배치해 주세요.

 가을(Autumn), 세상이 무르익다

13 커튼 만들기 1

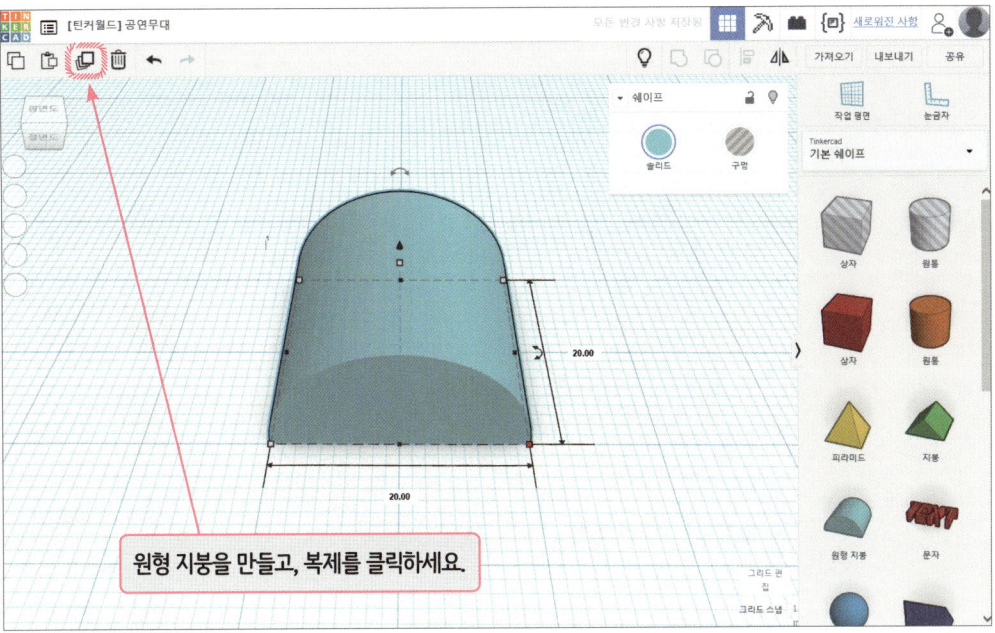

원형 지붕을 만들고, 복제를 클릭하세요.

14 커튼 만들기 2

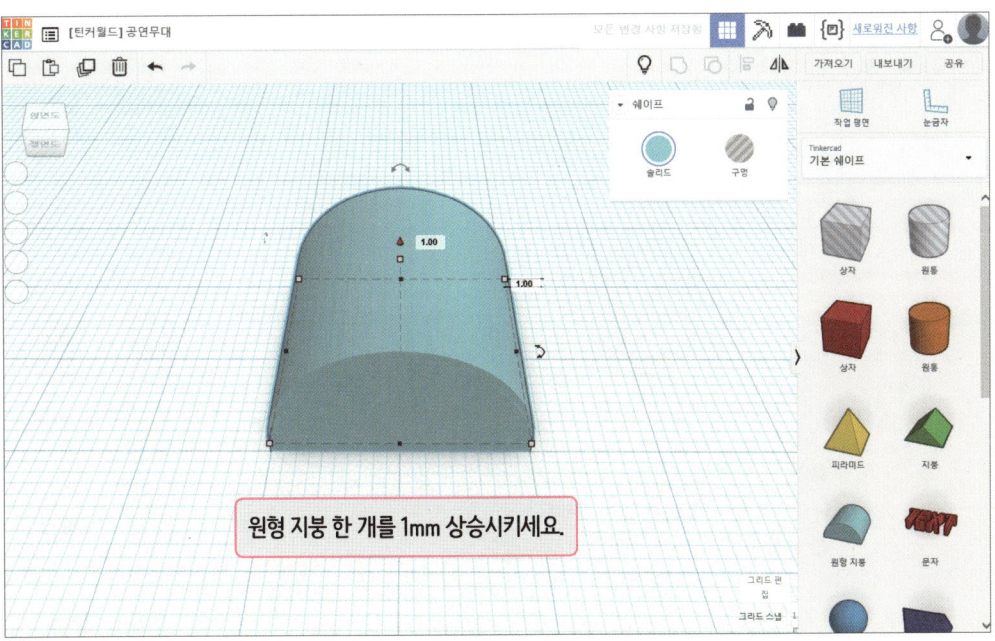

원형 지붕 한 개를 1mm 상승시키세요.

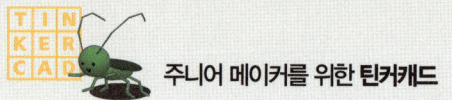

주니어 메이커를 위한 **틴커캐드**

15 커튼 만들기 3

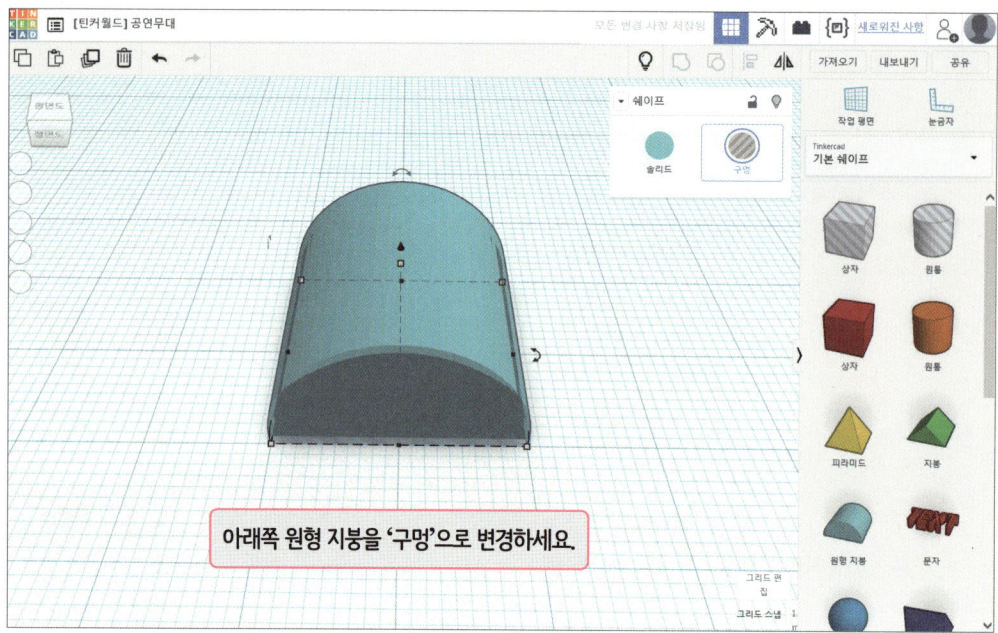

아래쪽 원형 지붕을 '구멍'으로 변경하세요.

16 커튼 만들기 4

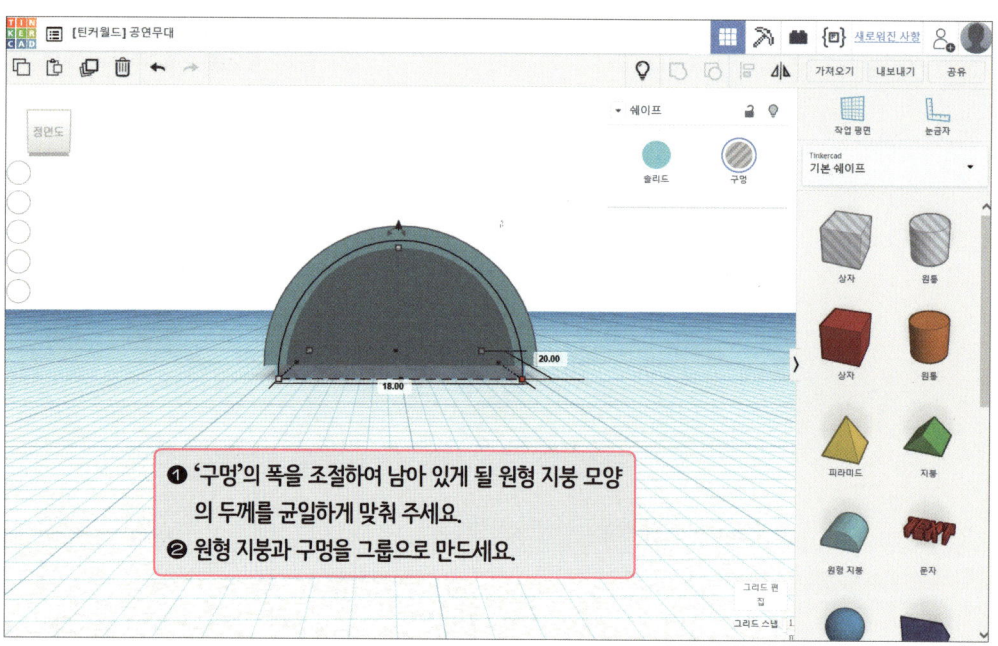

❶ '구멍'의 폭을 조절하여 남아 있게 될 원형 지붕 모양의 두께를 균일하게 맞춰 주세요.
❷ 원형 지붕과 구멍을 그룹으로 만드세요.

 가을(Autumn), 세상이 무르익다

17 커튼 복사하기

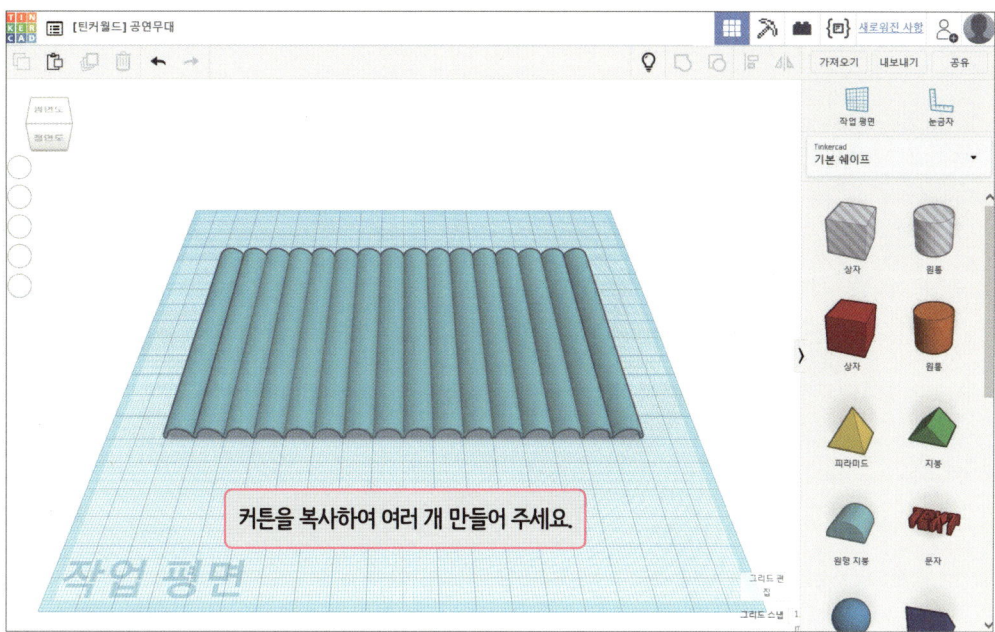

커튼을 복사하여 여러 개 만들어 주세요.

18 커튼 봉 끼우기

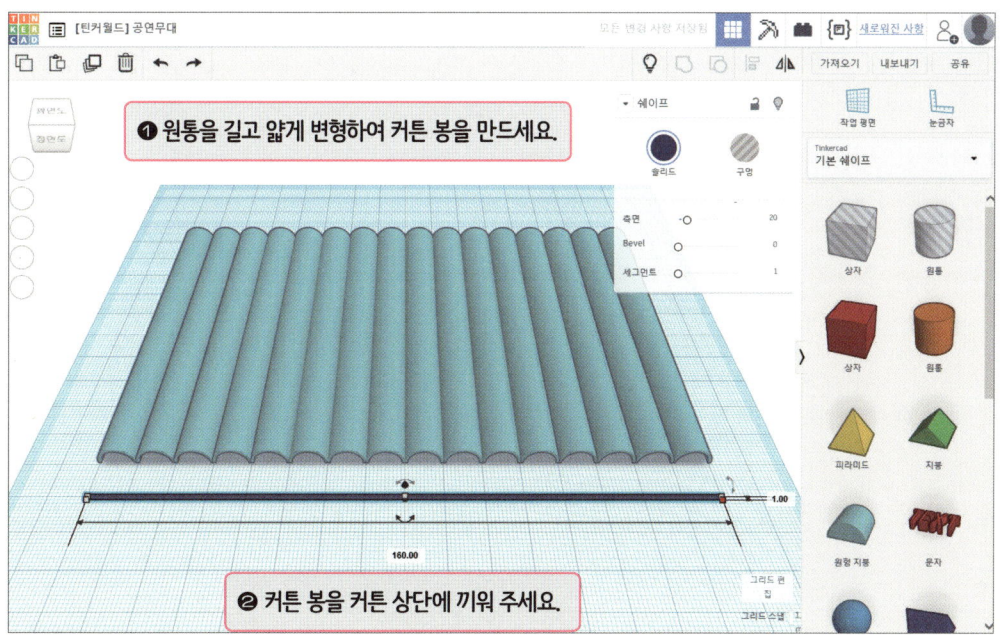

❶ 원통을 길고 얇게 변형하여 커튼 봉을 만드세요.

❷ 커튼 봉을 커튼 상단에 끼워 주세요.

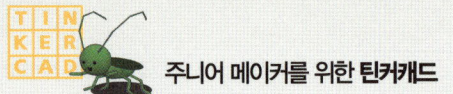

19 공연 무대 완성

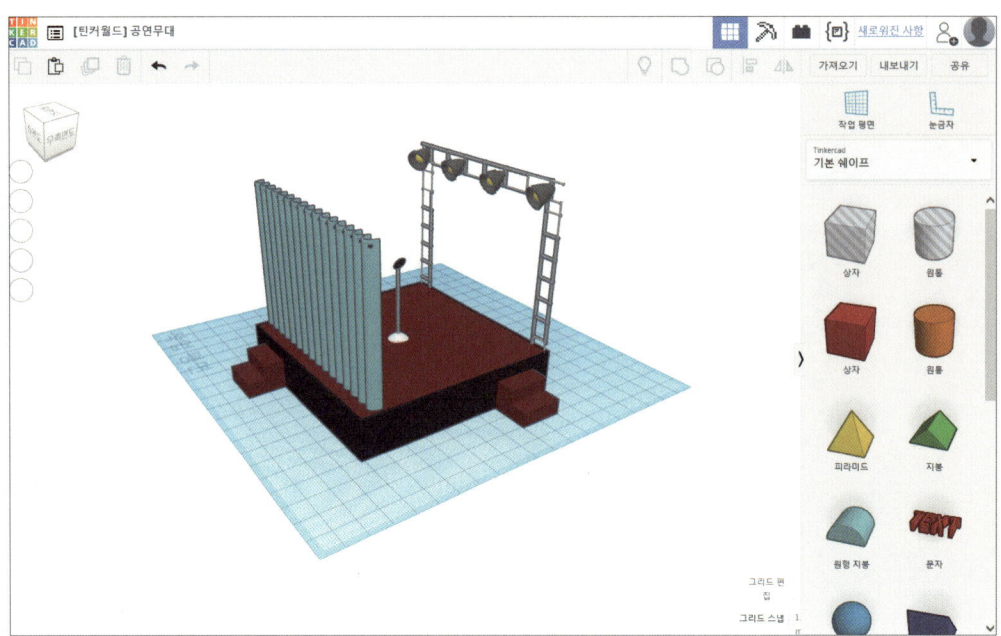

4 | 가을(Autumn), 세상이 무르익다

역시 무대가 있으니 노래를 더 잘 부르는데. 환호하는 곤충들을 봐.

그래, 내 생각이 틀리지 않았어. 이제 네 실력은 틴커월드에서 최고야! 너를 비밀 요원으로 임명한다.

아쉽지만 여기까지. 개미와 베짱이가 더 필요한 것이 무엇인지 알아봐. 물론 너 혼자 알아보는 거야.

개미와 베짱이가 필요한 것이 있으면 당연히 만들어 주고, 개미와 베짱이가 좋아하도록 말이야. 물론 내 도움은 없으니 스스로 해야 되는 거 잊지 말고.

좋아, 할 수 있어! 내가 보기에도 대견할 정도로 잘하고 있는 걸.

133

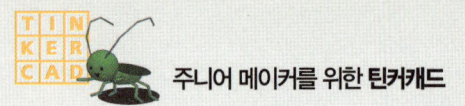

3 더 나아가기

기을 3

MISSION 13 개미의 곡식창고를 지킬 수 있는 열쇠와 자물쇠를 만들어 주세요.

🐜 개미의 곡식창고 열쇠 만들기

4 | 가을(Autumn), 세상이 무르익다

38~39쪽을 참고해서 열쇠와 자물쇠를 직접 디자인해 보고, 기본 도형으로 분해해 보자.

어떤 기본 도형부터 만들면 좋을까?
만드는 순서를 생각해서 ①, ②, ③ … 번호도 적어 볼까?

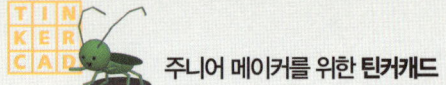

MISSON 14 베짱이가 뮤지컬을 하는 데 필요한 가면을 만들어 주세요.

 베짱이의 가면 만들기

4 가을(Autumn), 세상이 무르익다

38~39쪽을 참고해서 열쇠와 자물쇠를 직접 디자인해 보고, 기본 도형으로 분해해 보자.

어떤 기본 도형부터 만들면 좋을까?
만드는 순서를 생각해서 ①, ②, ③ … 번호도 적어 볼까?

 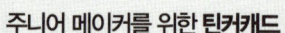

 쉬어가기

IoT(사물인터넷)

그래요. IoT는 Internet of Things의 약자로 사물인터넷을 말해요.
사물과 사물 간에 대화를 나눌 수 있다는 뜻이지요.
휴대폰과 에어컨이 인터넷을 통해 데이터를 주고받을 수 있다는 겁니다.
아, 소개가 늦었네요.
나는 사물인터넷이라는 용어를 처음으로 사용한 케빈 애쉬튼(Kevin Ashton)이에요.
나는 당시 세상에 존재하는 모든 사물이 서로 연결될 수 있다면 새로운 세상이
펼쳐질 것이라고 생각했어요. 그 생각이 지금은 일상화될 수 있다는 것이 신기합니다.
그래요, IoT를 적용한 집을 스마트홈이라고 부릅니다.
스마트홈은 잠을 잘 자도록 온도와 습도를 알맞게 조절해 주고, 외출할 때는
자동으로 난방이나 조명을 꺼 줍니다. 잠에서 깨라고 알람이 울리고, 일어나는
순간 집안의 전등이 켜지고 토스터가 토스트를 굽습니다.
물론 커피포트도 물을 끓이겠지요. 어때요, 상상할 수 있겠어요?

CHAPTER

겨울(Winter),
함께
피어나다

겨울(Winter), 함께 피어나다

 # 개미의 산타와 루돌프 만들기 　겨울 1

MISSION 15 개미가 고마웠던 친구들에게 선물을 나누어 줄 수 있도록 산타클로스와 루돌프를 만들어 주세요.

지구별에 있는 산타와 루돌프를 관찰해 봅시다.

141

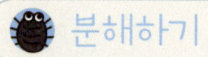 분해하기

나는 이 산타와 루돌프가 마음에 들어~
기본 도형을 찾아볼까?

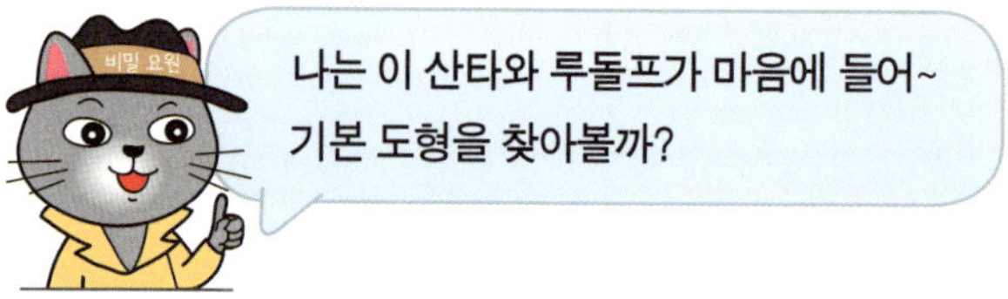

기본 도형으로 분해하기

5 겨울(Winter), 함께 피어나다

 나는 이렇게 계획해 보았어. 하지만 나와 달라도 괜찮아. 틴커캐드에는 다양한 방법이 있단다.

❶ 모자(포물면) ❷ 털모자(토러스) ❸ 귀(포물면)

❹ 허리띠(튜브) ❺ 수염(포물면) ❻ 몸(구)

❶ 포물면을 기울여서 모자가 꺾인 것을 표현하자.

❷ 토러스를 머리 부분에 둘러서 털모자를 만들자.

❺ 포물면을 얇게 펴서 수염을 만들자.

❻ 구를 달걀 모양으로 만들어 몸을 만들자.

조립하기

1 산타 장화 만들기

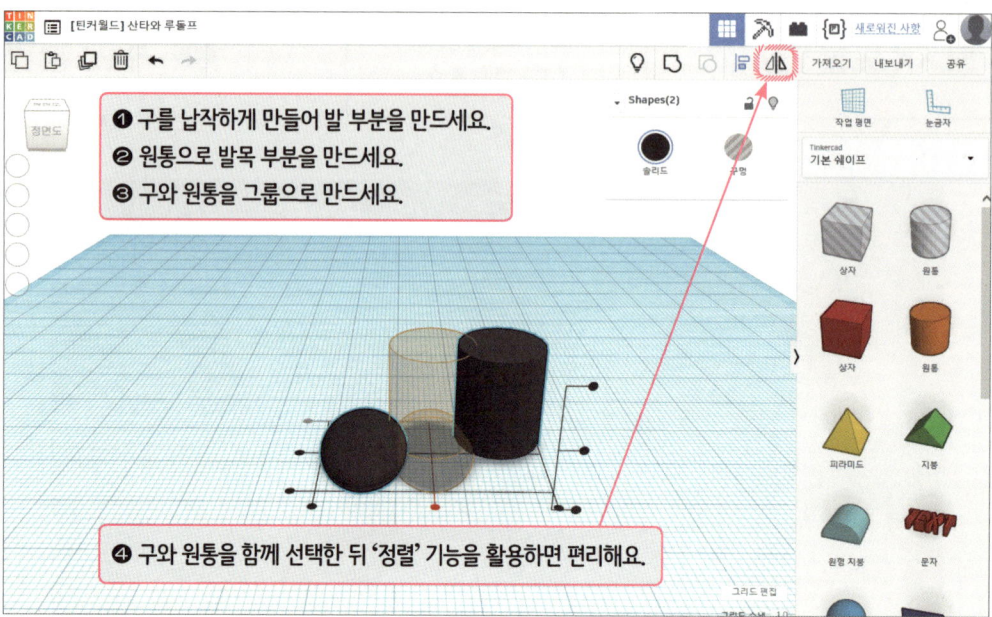

2 산타 다리 만들기

3 산타 몸 만들기

❶ 구로 몸통을 만드세요.
❷ 토러스로 옷의 흰 털을 표현해 보세요.

4 산타 허리띠 만들기

❶ '튜브'로 허리띠를 만들어 보세요.
❷ 벽 두께를 조절하면 얇게 만들 수 있어요.
❸ '상자'로 허리띠에 버클도 만들어 보세요.

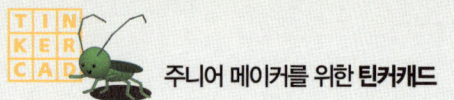

5 산타 팔 만들기

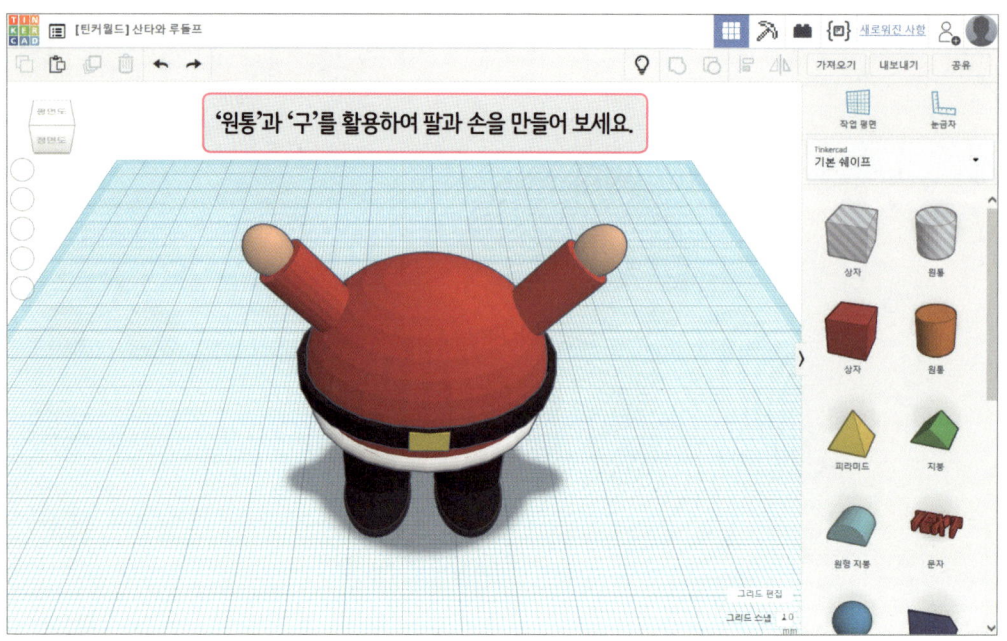

6 산타 얼굴 만들기

7 산타 모자 만들기

'포물면'과 '토러스'를 활용하여 모자를 만들어 보세요.

8 산타 완성

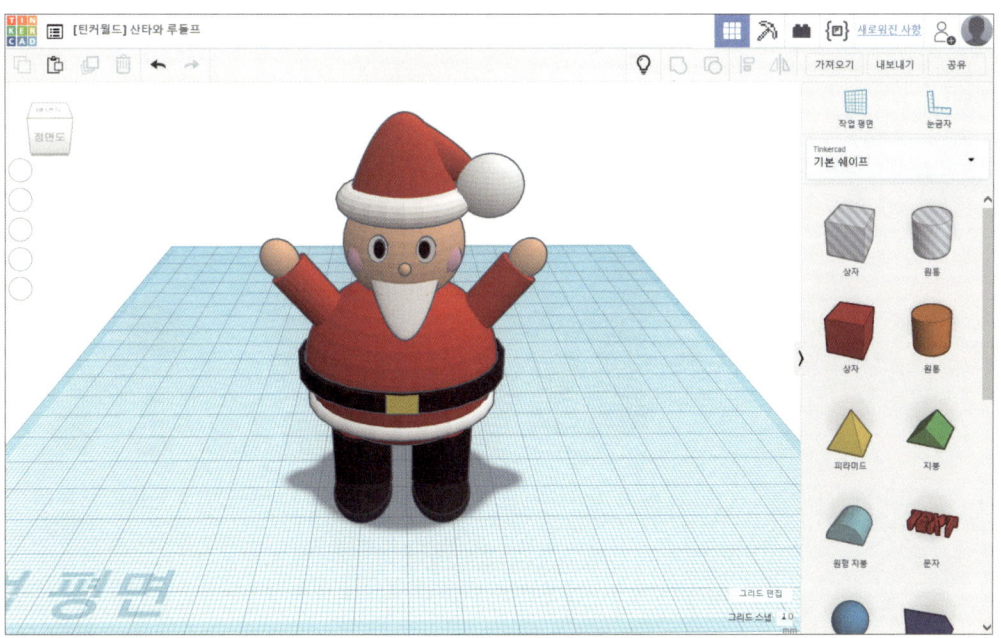

9 루돌프 다리 만들기

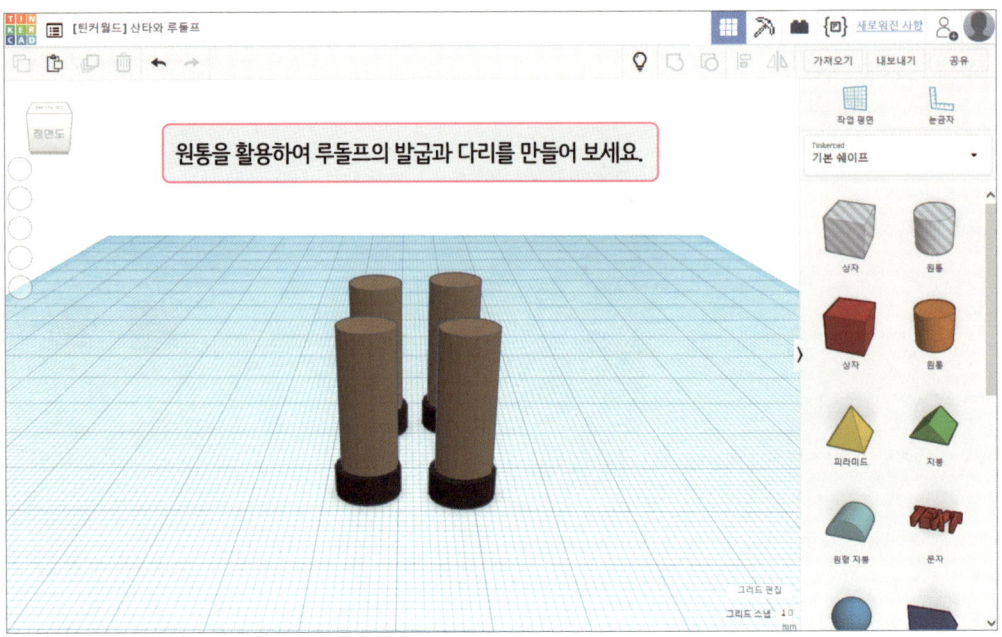

원통을 활용하여 루돌프의 발굽과 다리를 만들어 보세요.

10 루돌프 몸 만들기

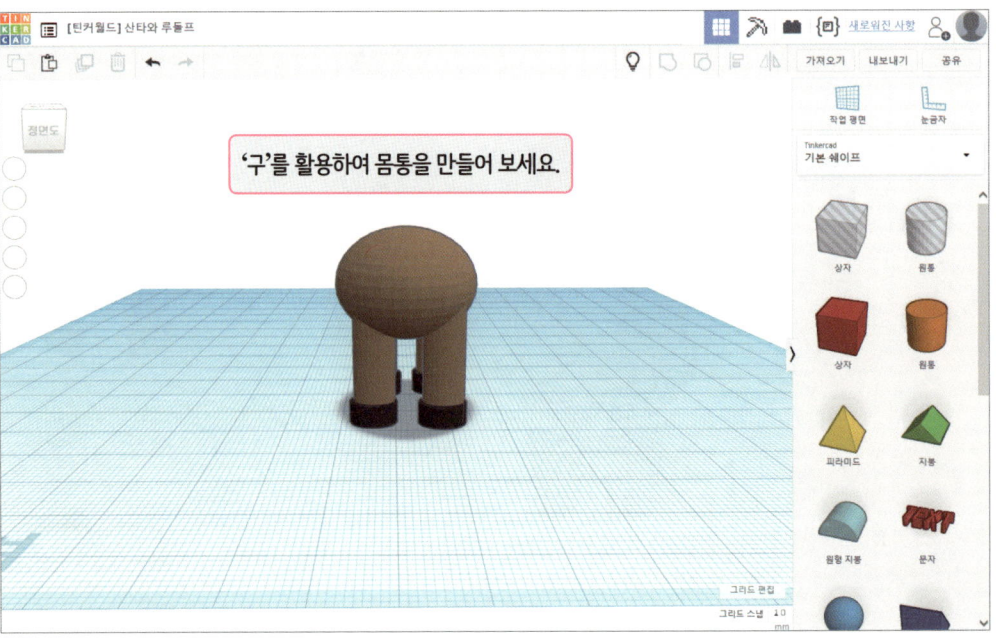

'구'를 활용하여 몸통을 만들어 보세요.

11 루돌프 목과 꼬리 만들기

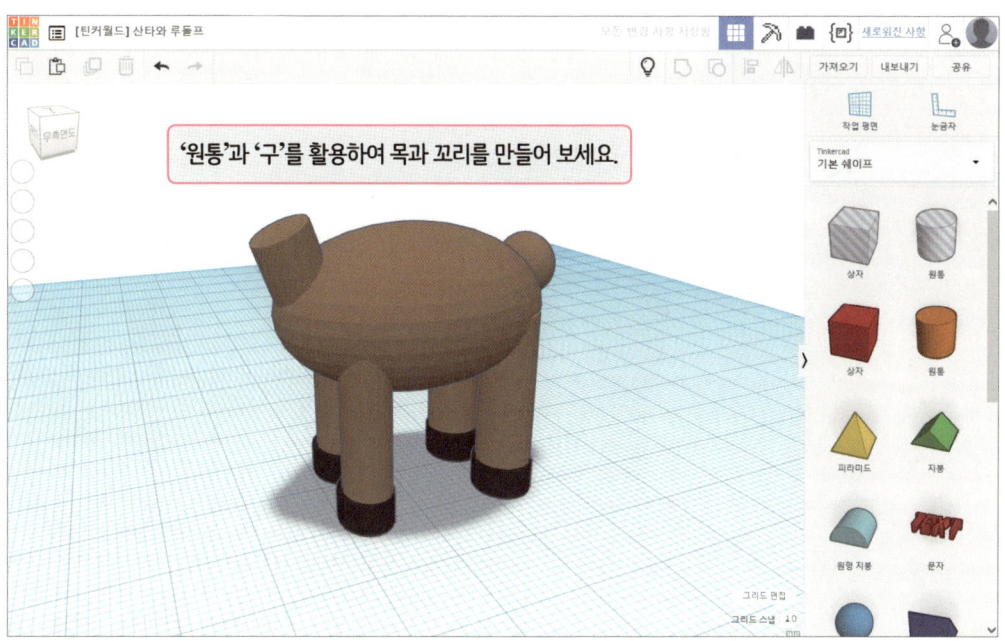

12 루돌프 얼굴 만들기

13 루돌프 귀 만들기

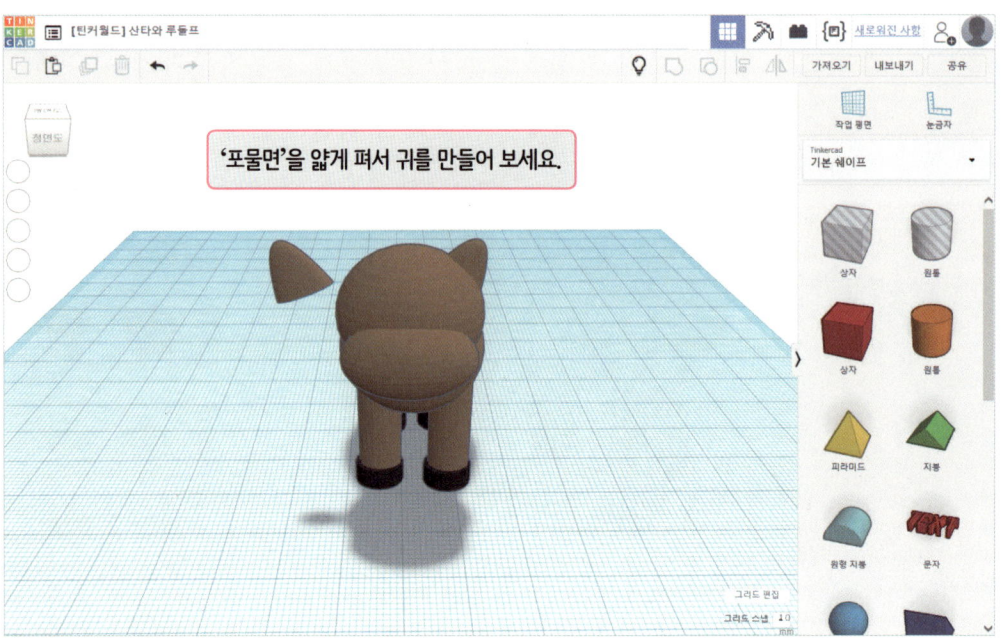

14 루돌프 눈코 만들기

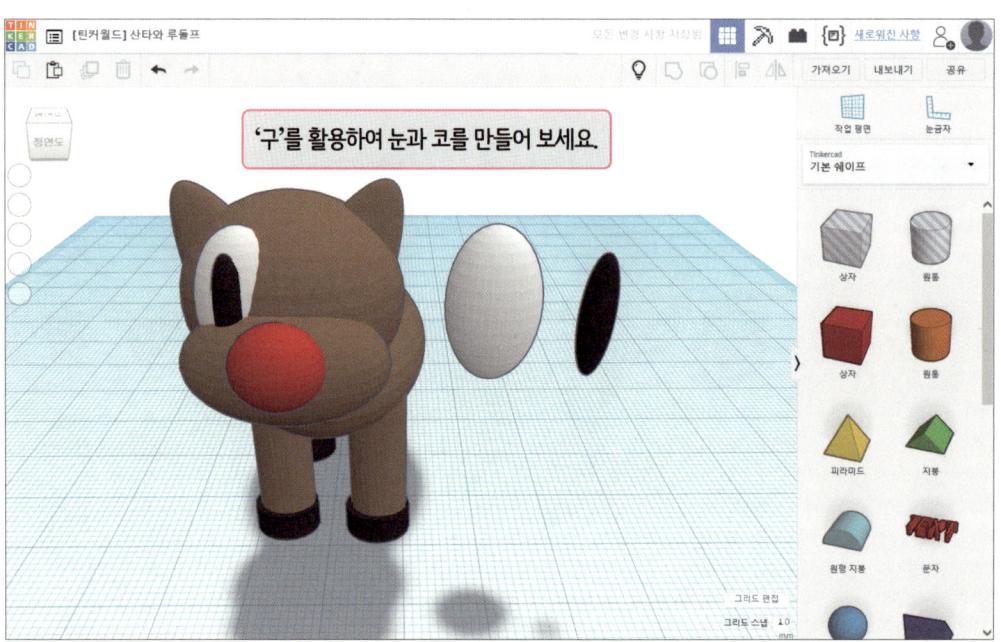

15 루돌프 뿔 만들기

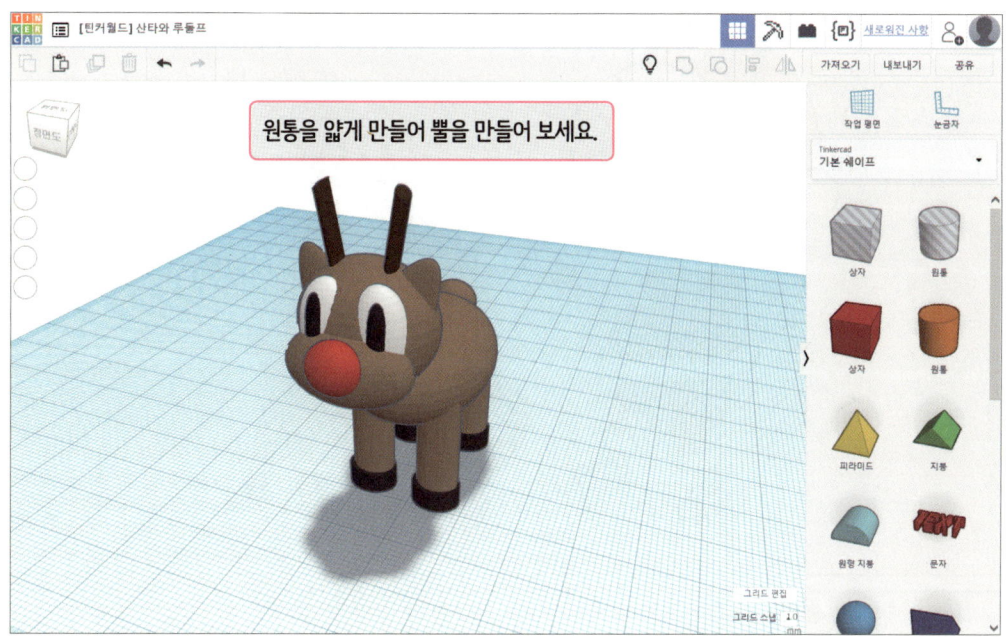

16 루돌프 완성

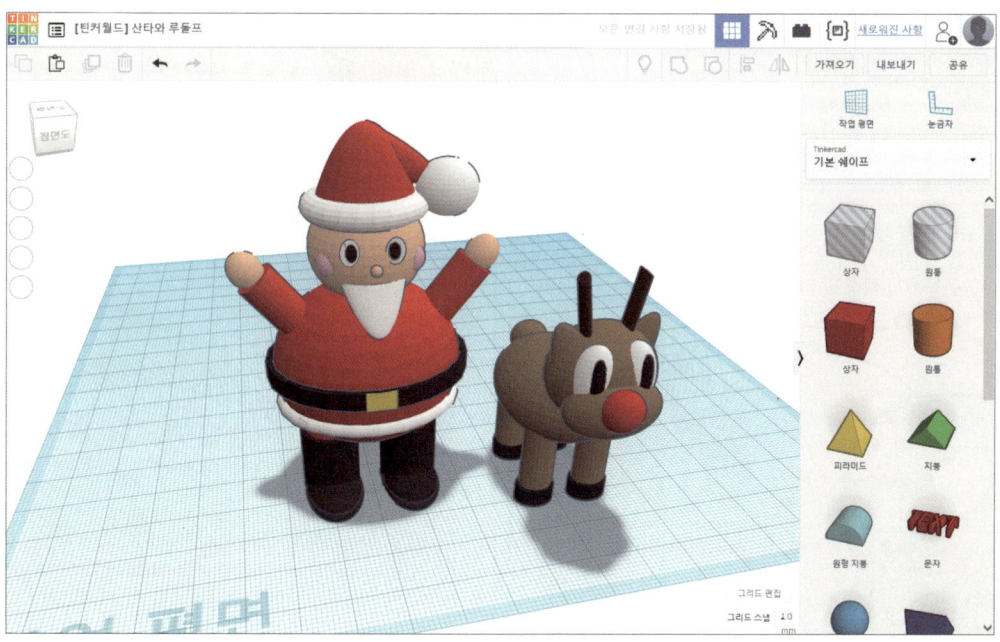

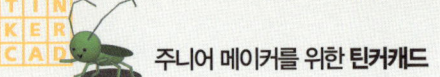

겨울(Winter), 함께 피어나다

 ## 베짱이의 트리 만들기

| 겨울 2

MISSON 16 베짱이가 고마웠던 친구들을 초대하여 집에서 파티를 할 수 있도록 크리스마스트리를 만들어 주세요.

지구별에 있는 크리스마스트리를 관찰해 봅시다.

153

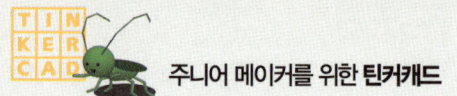

주니어 메이커를 위한 **틴커캐드**

 분해하기

나는 이 트리가 마음에 들어~
기본 도형을 찾아볼까?

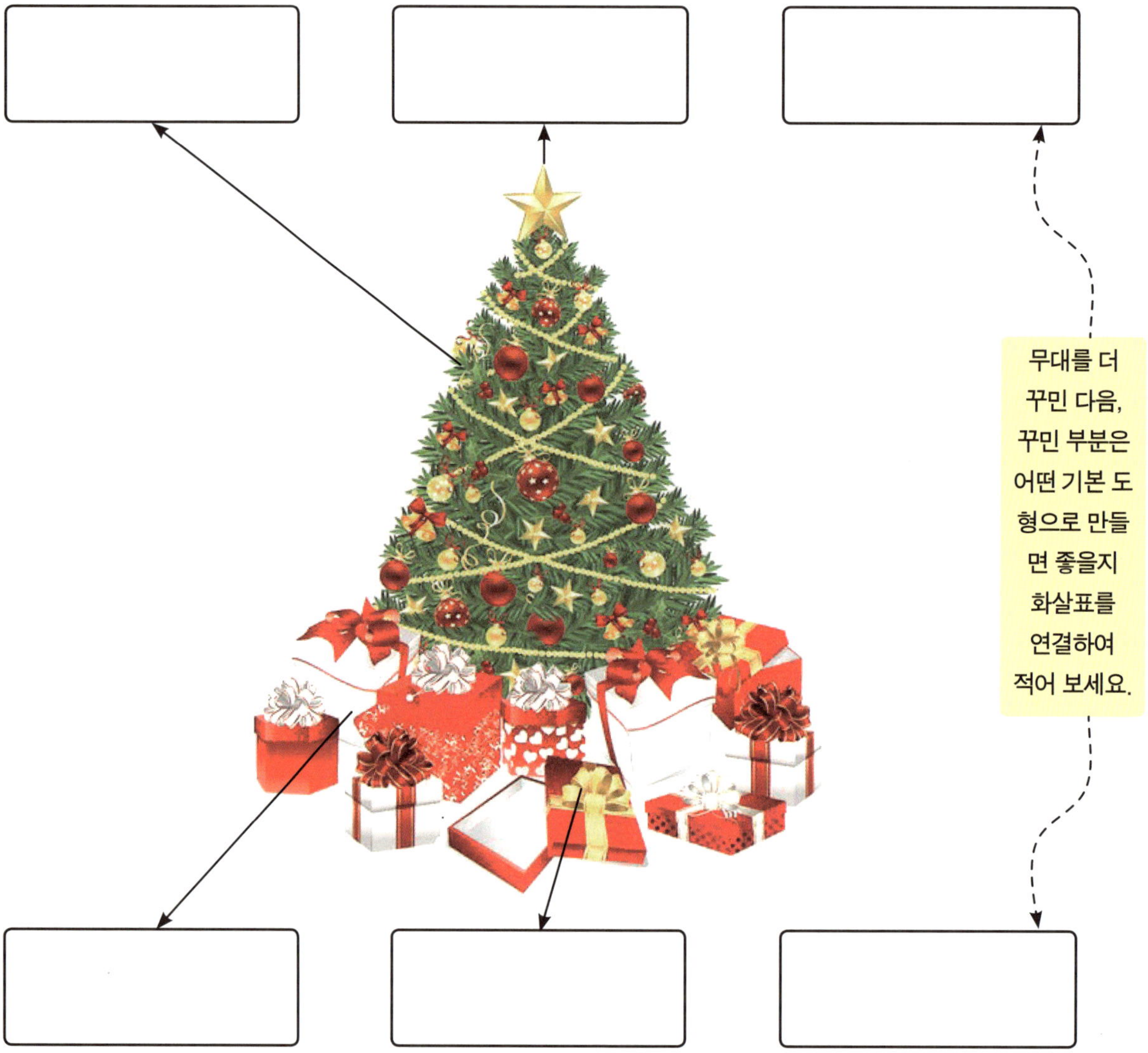

무대를 더 꾸민 다음, 꾸민 부분은 어떤 기본 도형으로 만들면 좋을지 화살표를 연결하여 적어 보세요.

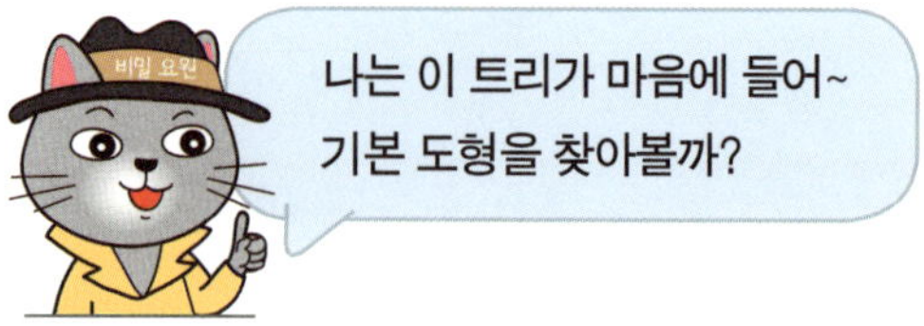

기본 도형으로 분해하기

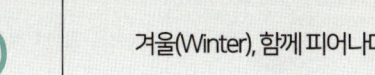

 나는 이렇게 계획해 보았어. 하지만 나와 달라도 괜찮아. 틴커캐드에는 다양한 방법이 있단다.

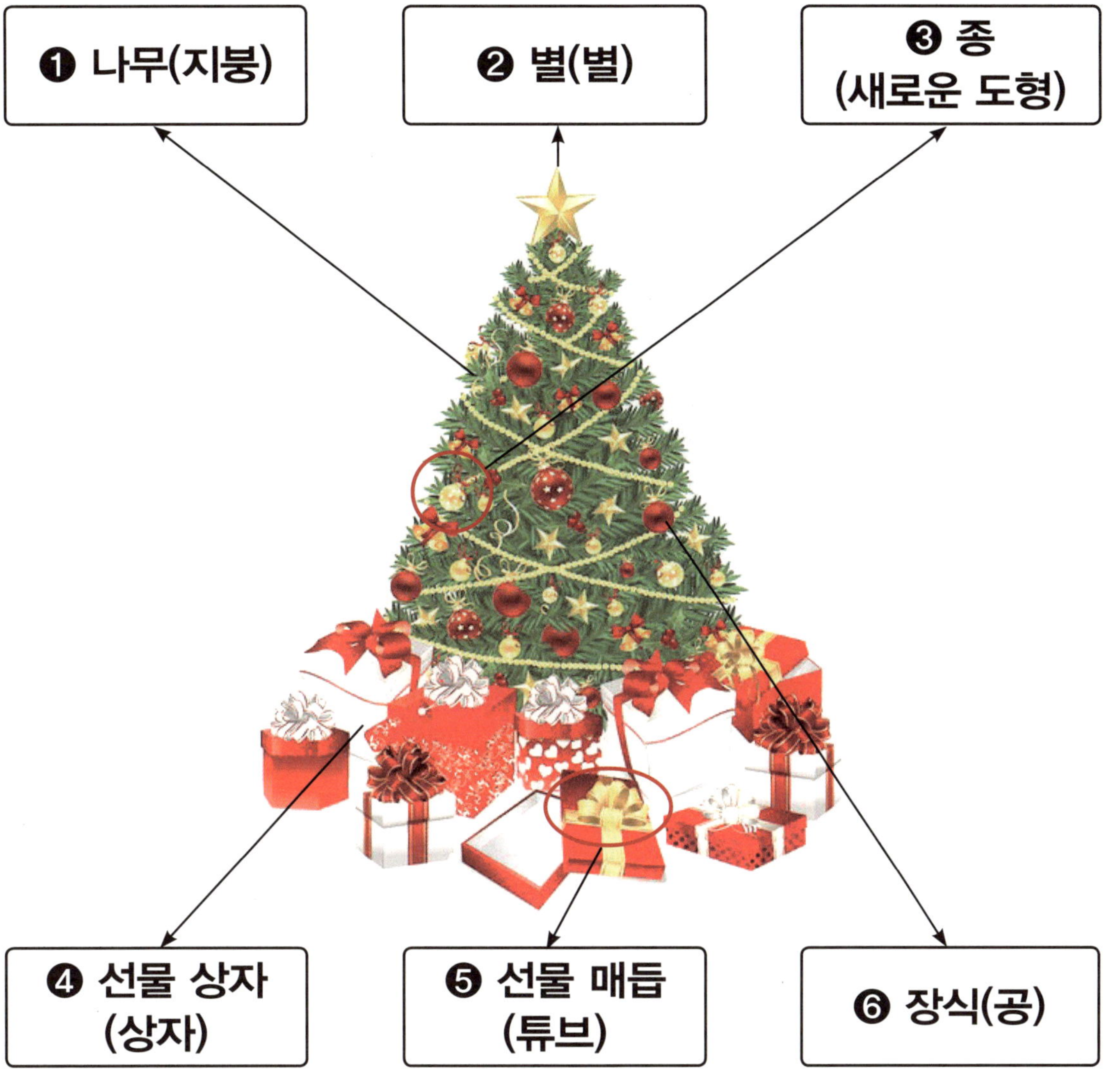

❶ 나무(지붕)   ❷ 별(별)   ❸ 종 (새로운 도형)

❹ 선물 상자 (상자)   ❺ 선물 매듭 (튜브)   ❻ 장식(공)

❶ 지붕을 활용해서 나무를 만들자.
❸ 새로운 도형을 활용해서 종 모양을 만들자.
❺ 튜브를 활용해서 선물상자 매듭을 만들자.
❻ 공을 활용해서 트리 장식을 만들자.

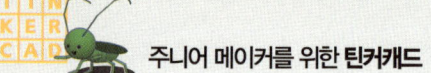

조립하기

1 받침과 기둥 만들기

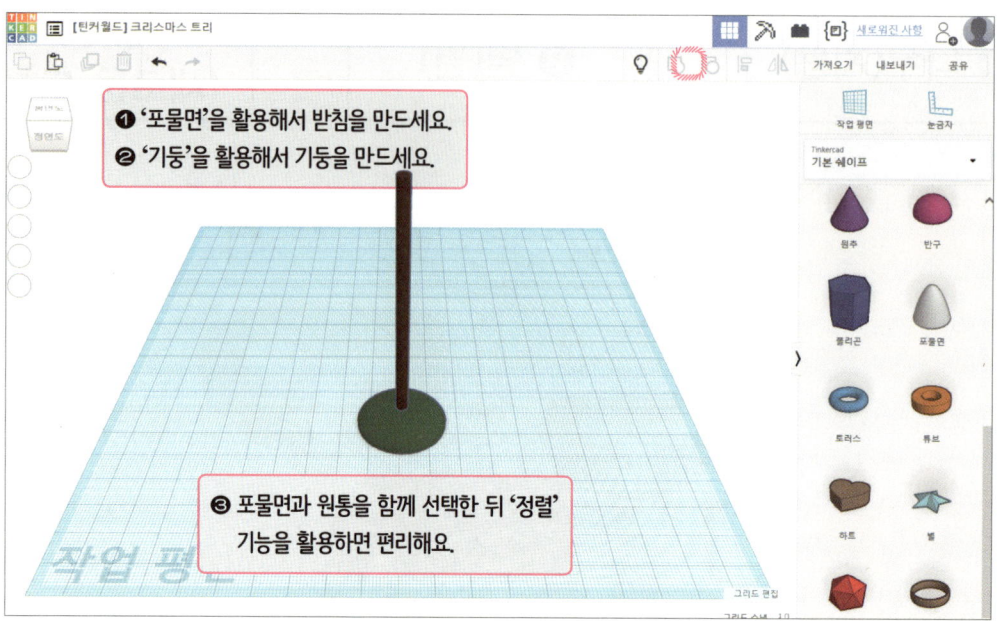

2 별 만들기

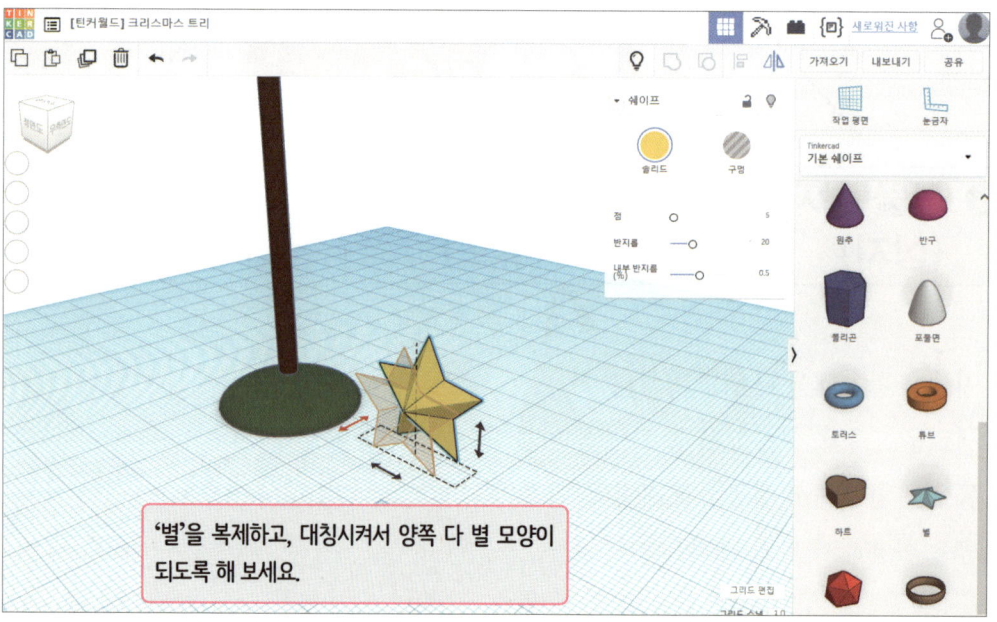

3 나뭇잎 만들기

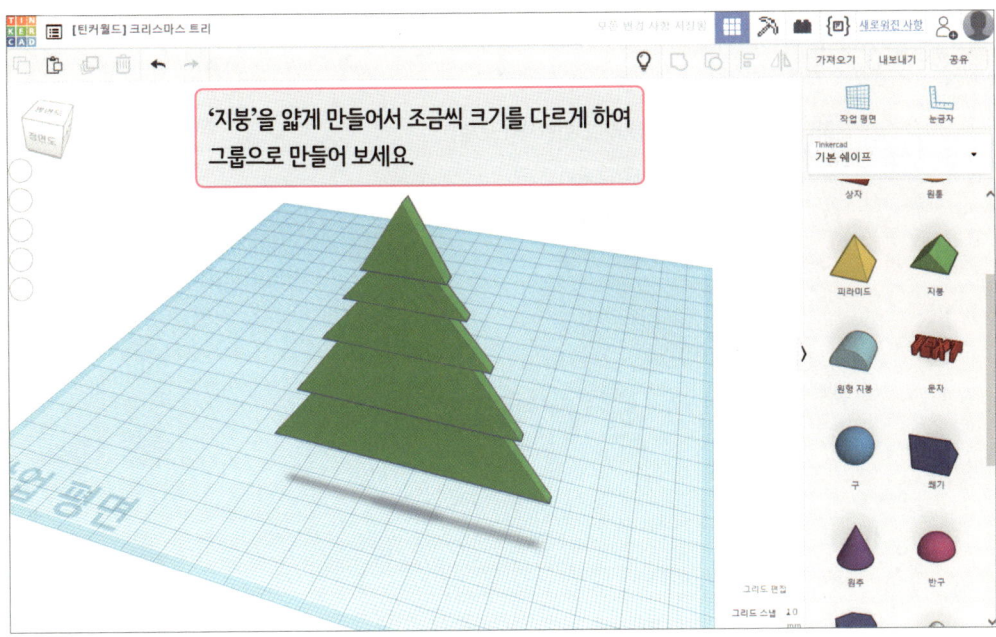

4 나뭇잎 복사하기 1

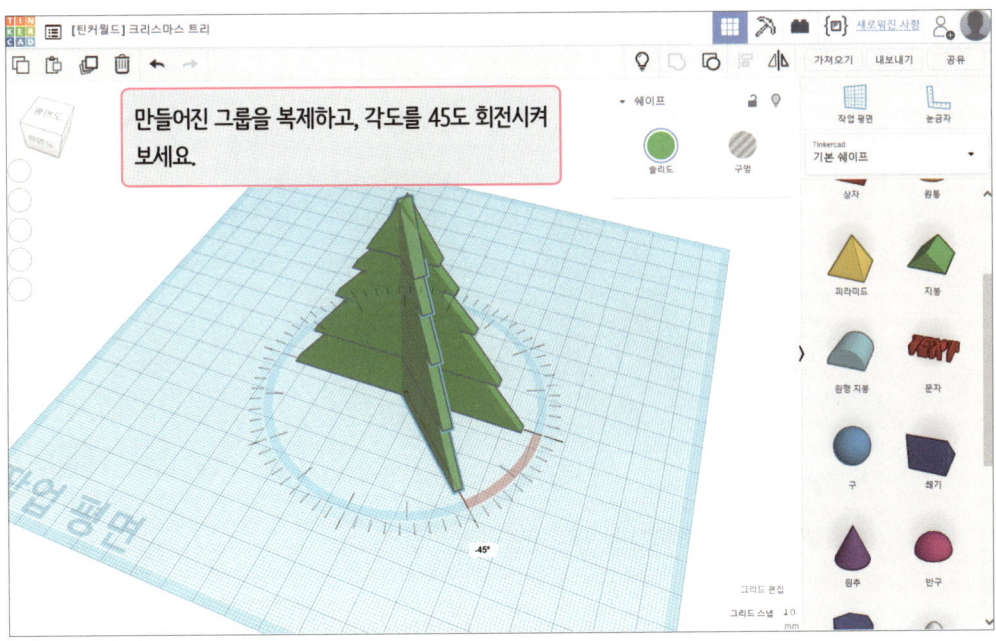

5 나뭇잎 복사하기 2

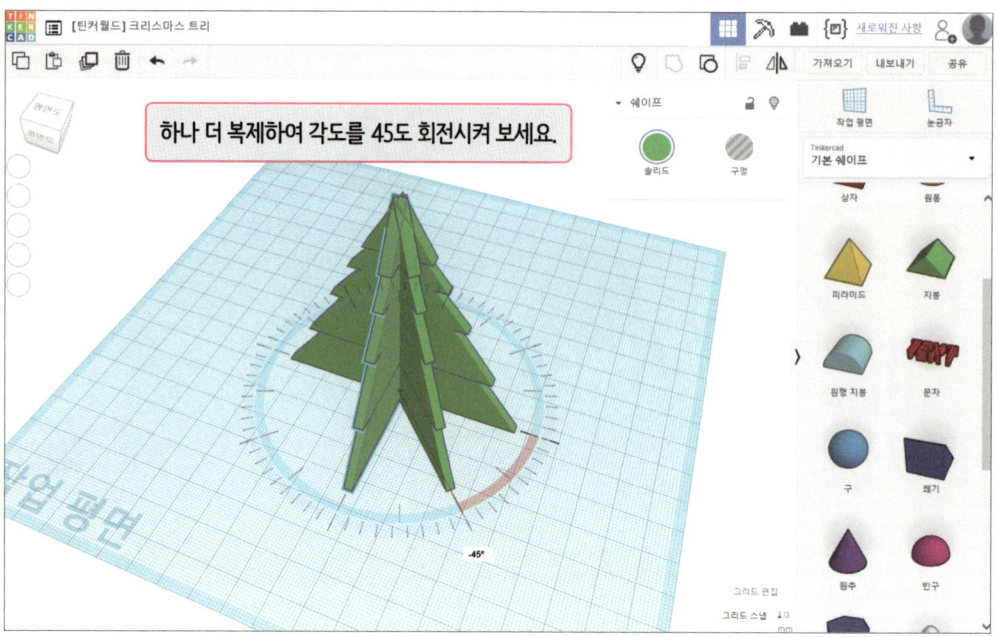

6 트리 완성

7 종 만들기 1

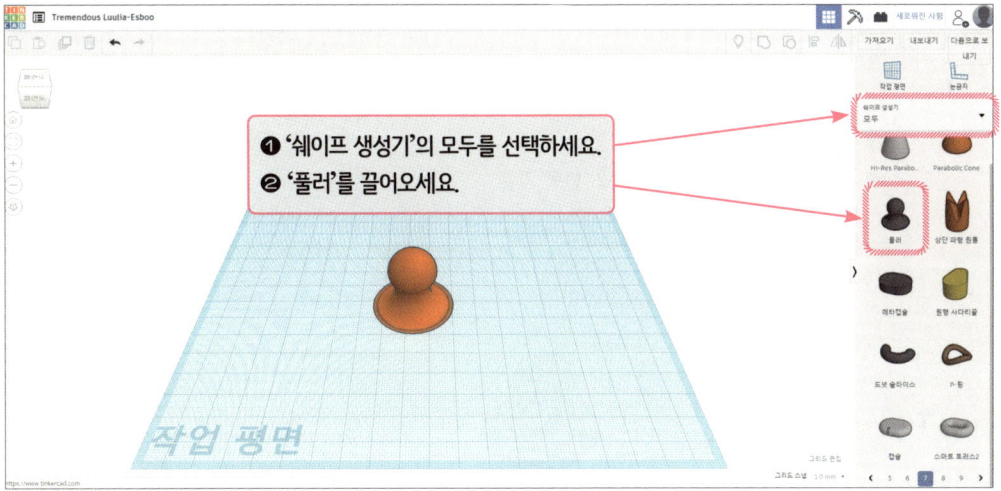

8 종 만들기 2

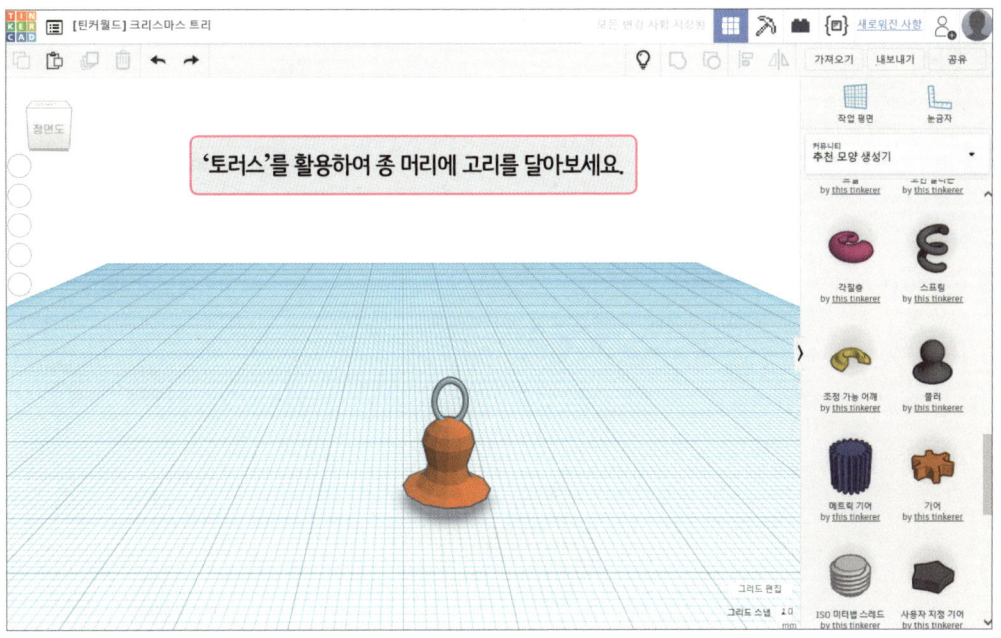

9 종 만들기 3

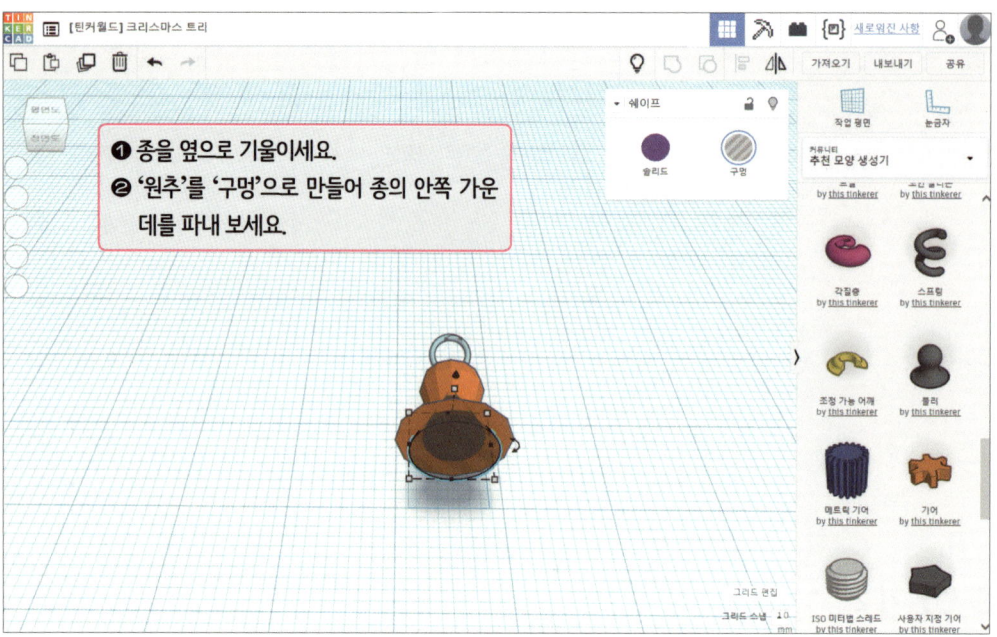

❶ 종을 옆으로 기울이세요.
❷ '원추'를 '구멍'으로 만들어 종의 안쪽 가운데를 파내 보세요.

10 종 완성

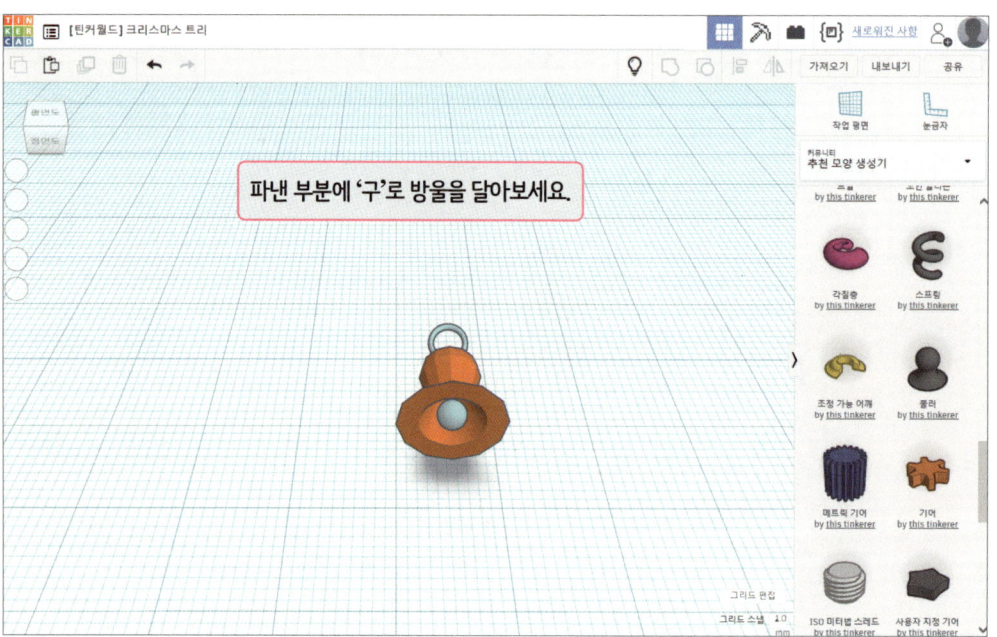

파낸 부분에 '구'로 방울을 달아보세요.

11 종 달기

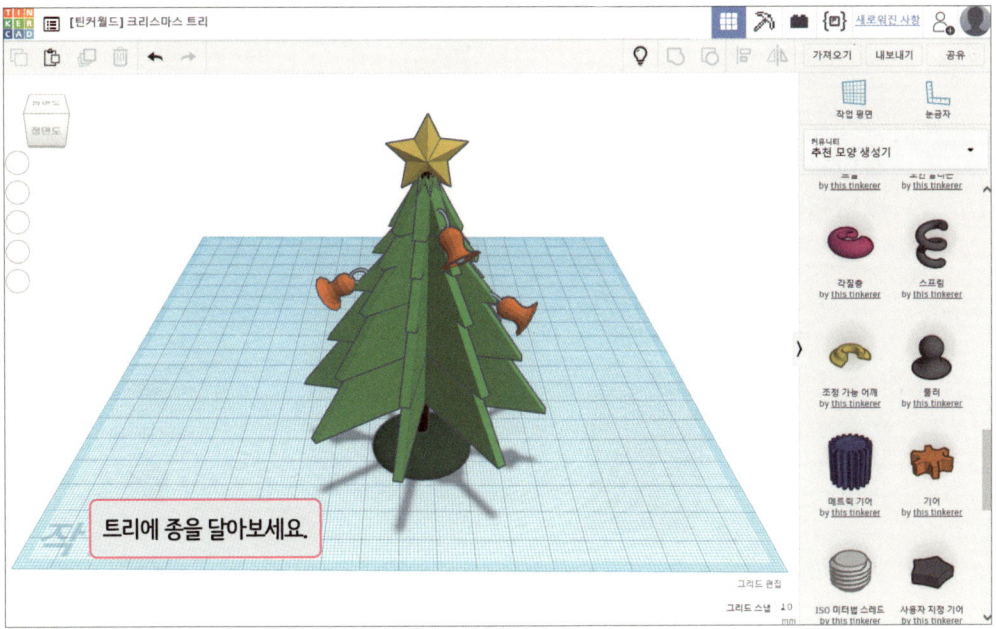

12 공 달기

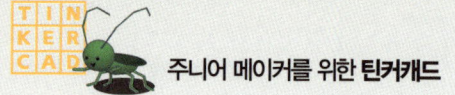

13 선물 상자 만들기 1

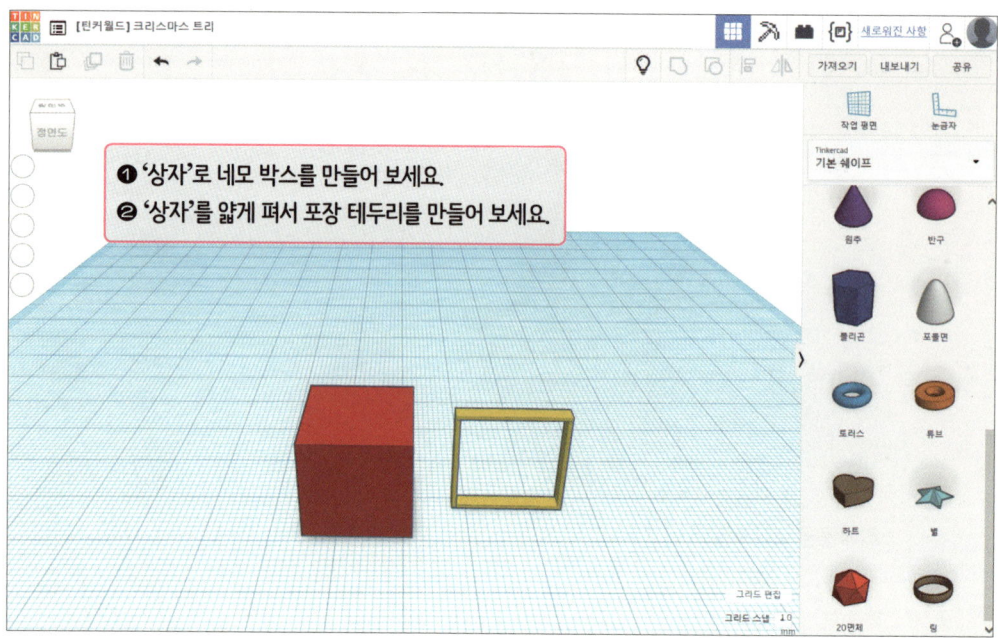

❶ '상자'로 네모 박스를 만들어 보세요.
❷ '상자'를 얇게 펴서 포장 테두리를 만들어 보세요.

14 선물 상자 만들기 2

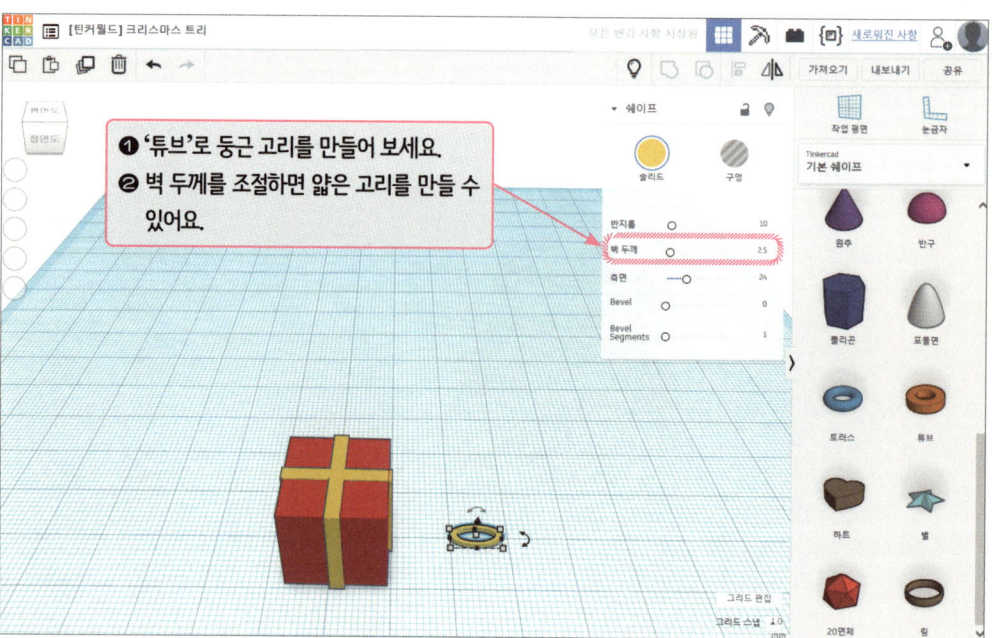

❶ '튜브'로 둥근 고리를 만들어 보세요.
❷ 벽 두께를 조절하면 얇은 고리를 만들 수 있어요.

15 선물 상자 만들기 3

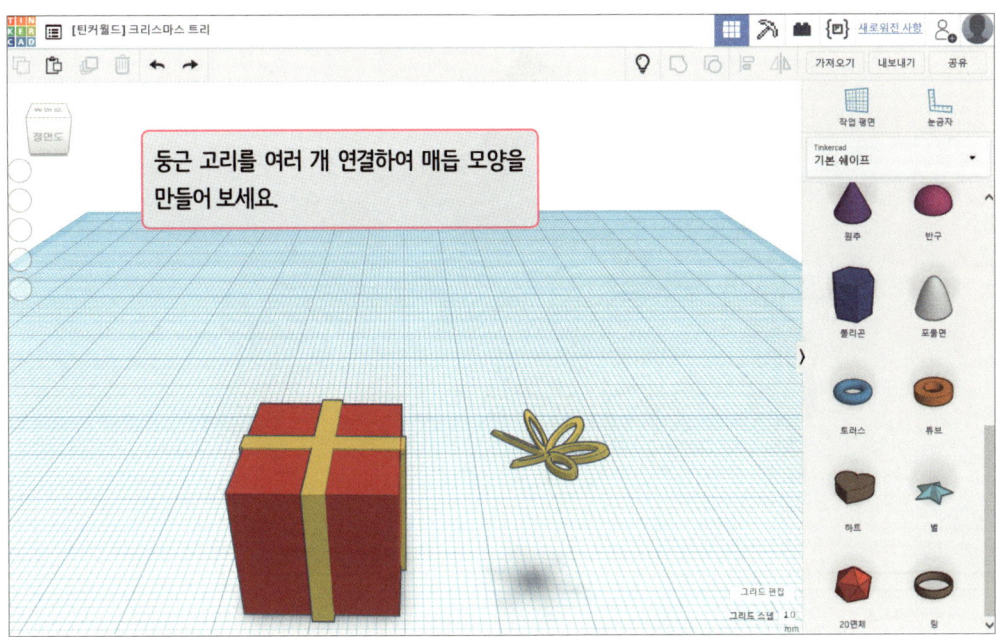

16 트리와 선물 상자 완성

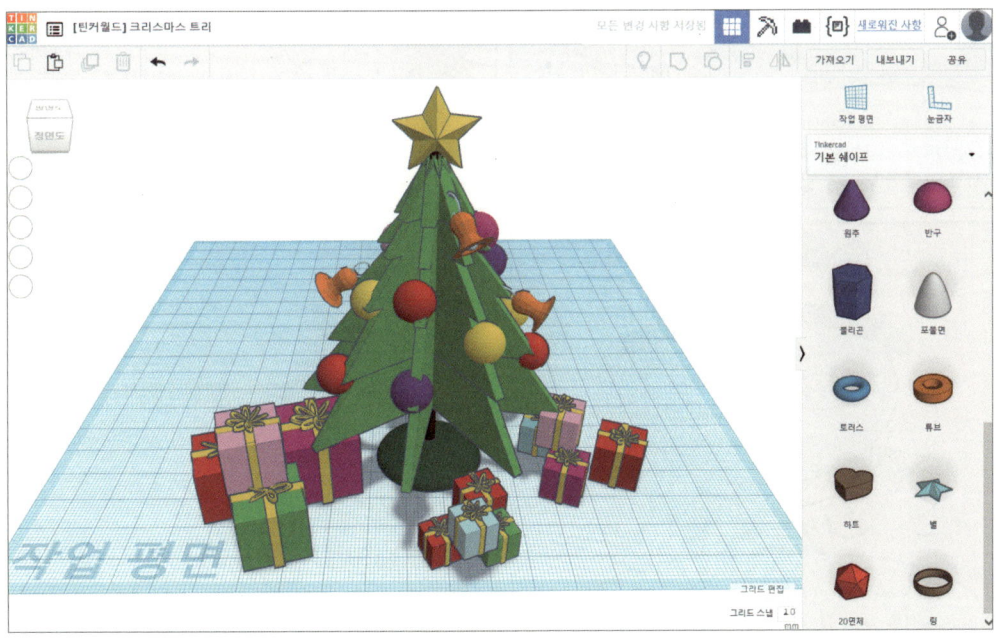

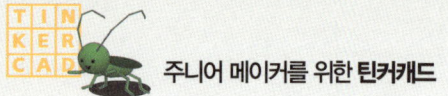

3 더 나아가기

겨울 3

MISSON 17 개미가 산타클로스, 루돌프와 함께 선물을 나누어 줄 수 있도록 썰매를 만들어 주세요.

🐜 개미의 산타 썰매 만들기

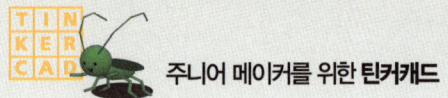

주니어 메이커를 위한 **틴커캐드**

썰매를 직접 디자인해 보고, 기본 도형으로 분해해 보자.

어떤 기본 도형부터 만들면 좋을까?
만드는 순서를 생각해서 ①, ②, ③ … 번호도 적어 볼까?

5 | 겨울(Winter), 함께 피어나다

 베짱이가 친구들과 함께 스케이트를 즐길 수 있도록 스케이트화를 만들어 주세요.

 베짱이의 스케이트화 만들기

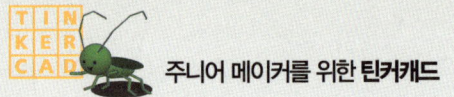 주니어 메이커를 위한 **틴커캐드**

 스케이트화를 직접 디자인해 보고, 기본 도형으로 분해해 보자.

 어떤 기본 도형부터 만들면 좋을까? 만드는 순서를 생각해서 ①, ②, ③ … 번호도 적어 볼까?

쉬어가기

 웨어러블(Wearable)

내가 처음 스마트 워치를 생각하게 된 계기는 "만약 휴대폰을 꺼내지 않고 모든 걸 손목에서 볼 수 있다면 어떨까?" 하는 생각 때문이었어요. 아, 나는 스마트 워치의 시작을 알린 페블 테크놀로지의 대표이자 디자이너인 **에릭 미기코브스키**(Eric Migicovsky)입니다. 삼성이나 엘지, 애플보다 앞서서 스마트 워치를 만들어 냈지요. 스마트 워치는 대표적인 웨어러블 기기입니다. 웨어러블은 바로 입을 수 있는, 착용할 수 있는 기기를 말해요. 손목에 착용하는 스마트 워치 외에 안경, 팔찌, 시계 그리고 신발에 이르기까지 웨어러블 기기의 형태는 다양합니다. 웨어러블 기기는 우리의 일상생활에 활력을 불어넣어줄 거예요. 수면 시간 등을 체크하고 기록하며 체계적으로 필요한 운동량을 관리해 주는 등 웰빙을 증진시킬 거니까요. 구글 글래스 같은 경우에는 우리가 길을 잃지 않게 우리 주변의 환경에 대한 정보를 알려 줄 거고요. 정말 신기술은 멋지지 않나요?

인공지능

"옛날에 사람과 사람이 아닌 생물들을 구분하는 가장 큰 기준은 '이성'이었어."
"맞아. 그래서 사람은 이성의 동물이라고 했어."

"그런데 현대에 와서 기계들이 등장하며 사람과 사람이 아닌 것을 구분하는 가장 큰 기준은 '창의력'이 되었어."

"인공지능은 딥러닝이라는 기계학습으로 인간처럼 학습하며 시도 지을 수 있고, 그림도 그릴 수 있고, 또 우리와 대화도 할 수 있어."

"하지만 요즘에 와서 인간만의 것이었던 창의력이 인공지능에게 위협받고 있는 중이잖아. 얼마 전 우리나라 바둑의 고수인 이세돌 9단이 인공지능 알파고에게 힘도 못 쓰고 지고 말이야."

"이런 말 들어봤어? 곤충이 이 세상에서 사라진다면 지구가 멸망할 것이지만, 인간이 지구에서 사라진다면 지구는 번영할 것이라는 말."

"그렇다면 인공지능이 인간을 뛰어넘는 시대에 지구에 해를 끼치는 인간은 없어져야 할까?"

"말도 안 돼. 인간이 나쁜 짓만 하지 않는다는 것을 깨닫게 해야지. 인간은 지구를 보다 더 나아지게 할 수 있는 유일한 생명체란 말이야."

"네, 좋아요. 모두들 열띤 토론을 해 주었어요. 자료도 많이 찾아보았군요. 인간이 만들어 낸 인공지능이 인간을 뛰어넘고 있는 시대에 우리는 곧 살게 될 거예요. 하지만 인간은 생명체이기에 지구상에 살고 있는 생명체의 마음을 더 잘 알 수 있어요. 인공지능처럼 프로그래밍으로 아는 게 아니라 그걸 자연스레 느낄 수 있다는 말이죠. 우리들은 이 지구를 책임져야 하고, 더 좋은 세상을 만들기 위해 노력해야 합니다. 우리가 올바른 마음으로 올바른 일을 해야 하는 막중한 책임이 있다는 것, 알겠죠? 이미 알고 있었겠지만 저는 암호학자이자 수학자인 **앨런 튜링**(Alan Turing)이에요. 기계가 인간과 얼마나 비슷하게 대화할 수 있는지를 판별하고자 튜링 테스트를 했었는데, 이 테스트는 훗날 인공지능의 개념을 제시하였답니다."

CHAPTER

안녕(Goodbye), 틴커월드

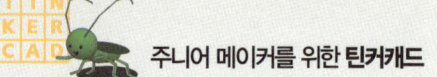

6 안녕(Goodbye), 틴커월드

작별 1

 **로켓 만들기**

MISSION 19 개미와 베짱이가 지구별로 돌아갈 수 있도록 로켓을 만들어 주세요.

 구상하기

지구별에 있는 로켓을 관찰해 봅시다.

173

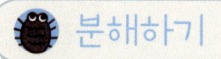 분해하기

 지구별까지 가려면 보조 로켓이 달린 이 디자인이 좋을 것 같아! 이제 보기만 해도 기본 도형이 떠오르지?

 로켓을 보고 기본 도형을 떠올려봐~
지금까지 했던 미션들에 비해서 오히려 쉬운걸?

6 안녕(Goodbye), 틴커월드

조립하기

1 로켓 상단 만들기

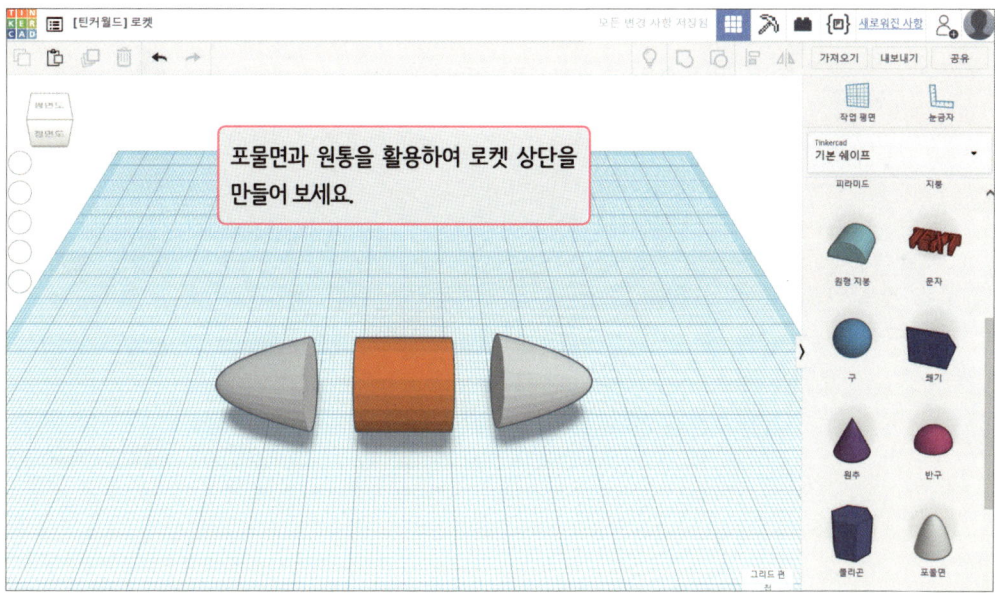

2 메인 로켓 만들기

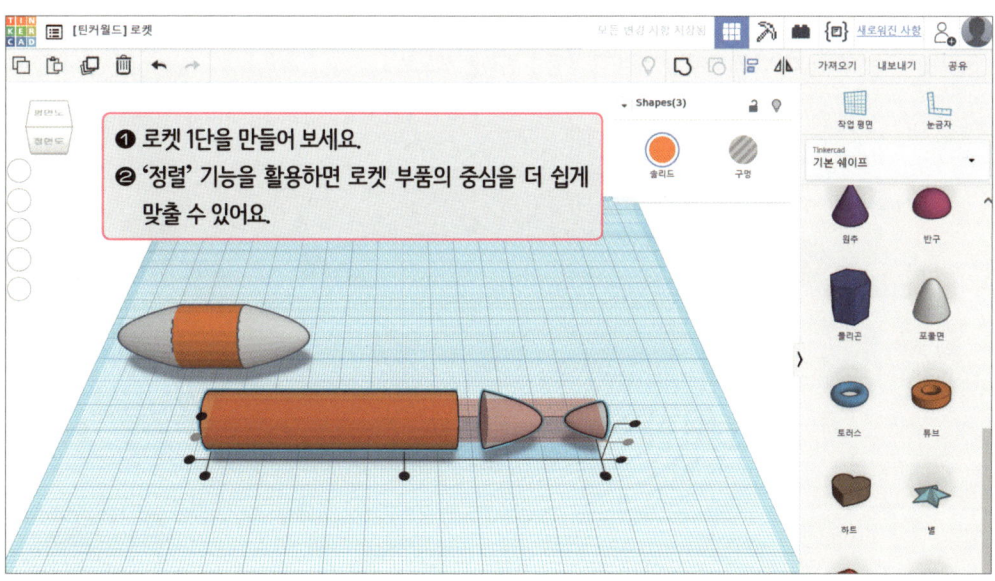

3 로켓 상단과 메인 로켓 조립하기

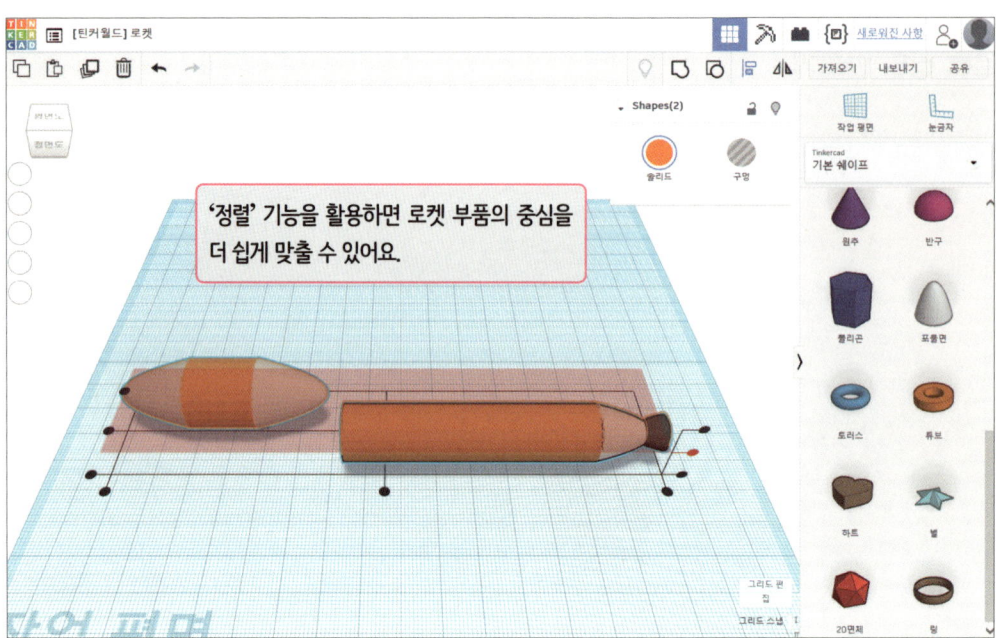

4 보조 로켓 만들기

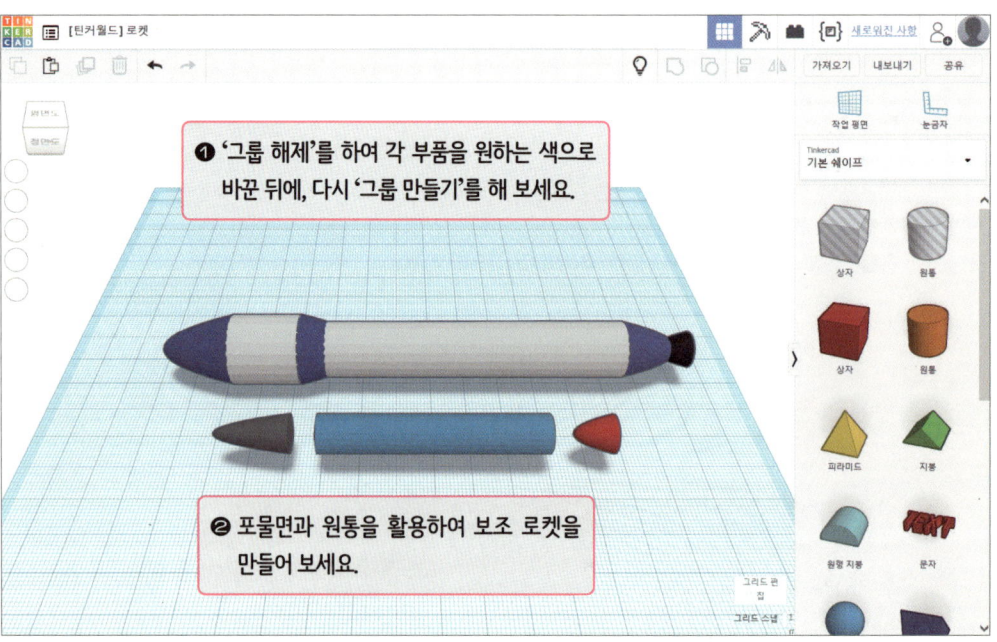

안녕(Goodbye), 틴커월드

5 보조 로켓 부착하기

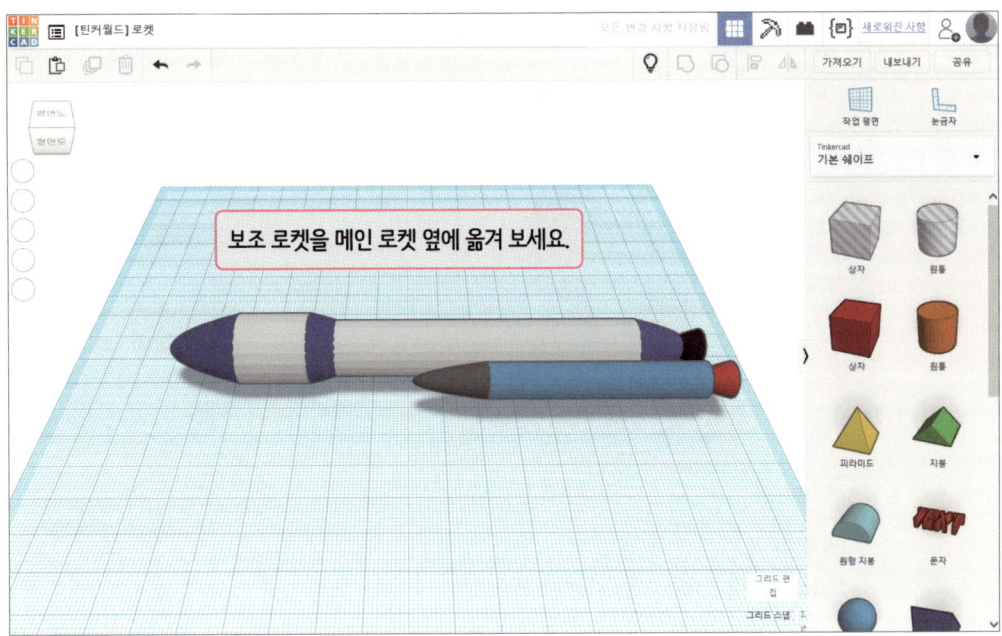

보조 로켓을 메인 로켓 옆에 옮겨 보세요.

6 로켓 세우기

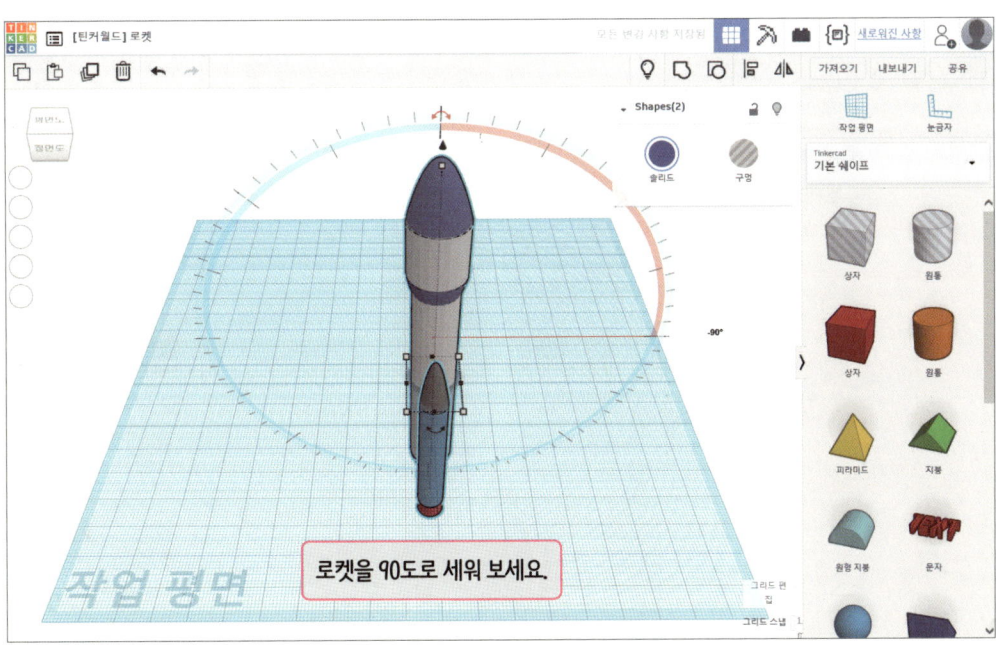

로켓을 90도로 세워 보세요.

177

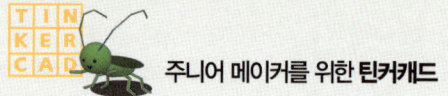

7 보조 로켓 복사하기

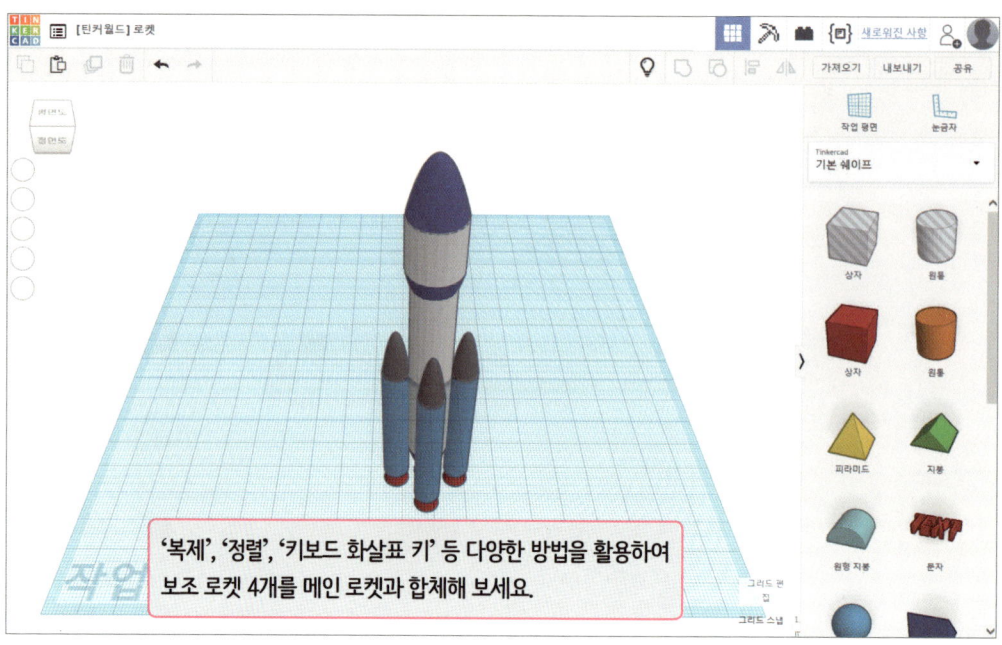

'복제', '정렬', '키보드 화살표 키' 등 다양한 방법을 활용하여 보조 로켓 4개를 메인 로켓과 합체해 보세요.

8 로켓 완성

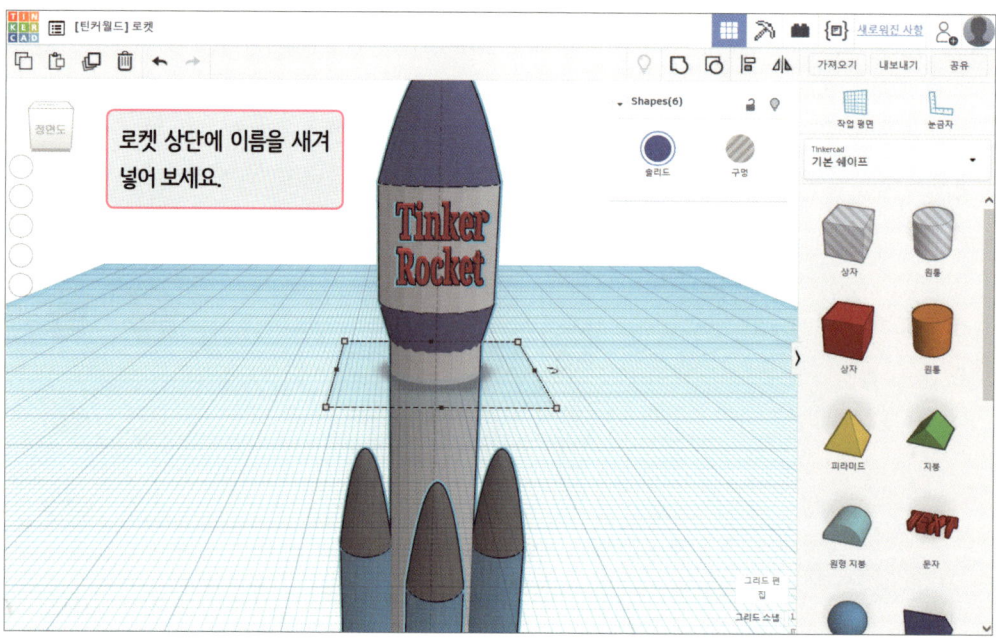

로켓 상단에 이름을 새겨 넣어 보세요.

 안녕(Goodbye), 틴커월드

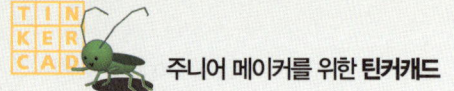

 안녕(Goodbye), 틴커월드

 **동상 만들기**

MISSON 20 틴커월드 요원들이 개미와 베짱이를 기억할 수 있도록 동상을 만들어 주세요.

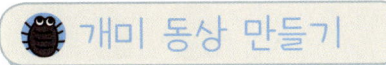

1 받침 만들기

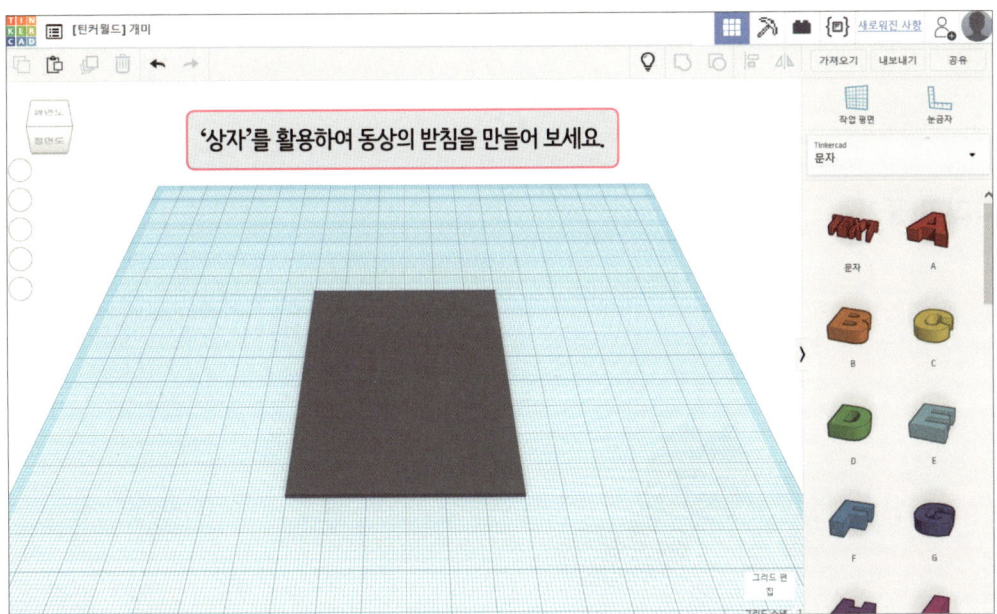

181

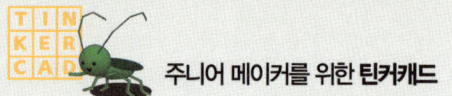

2 몸통과 머리 만들기

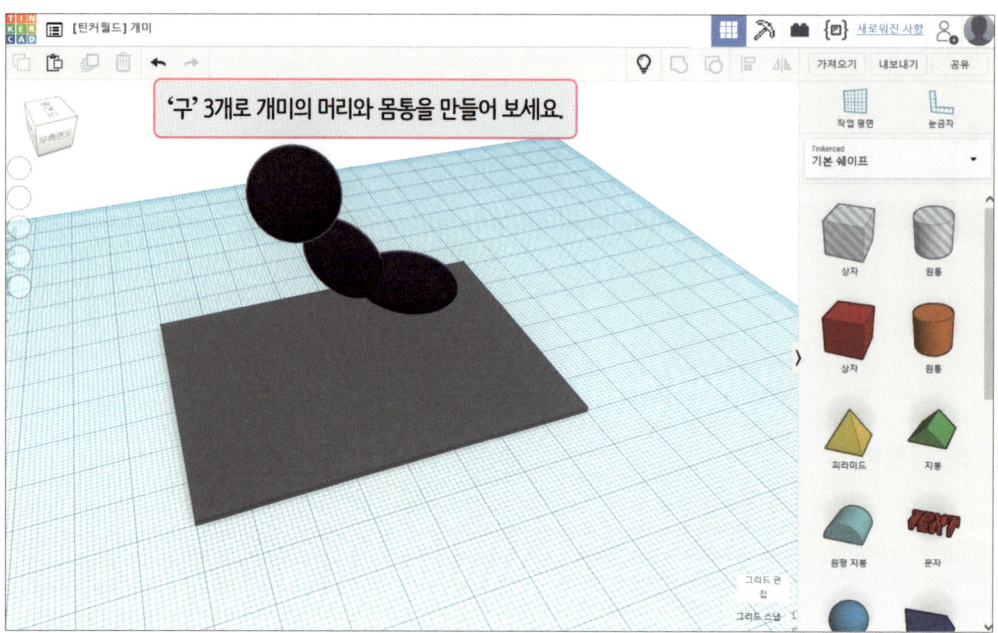

'구' 3개로 개미의 머리와 몸통을 만들어 보세요.

3 다리 만들기 1

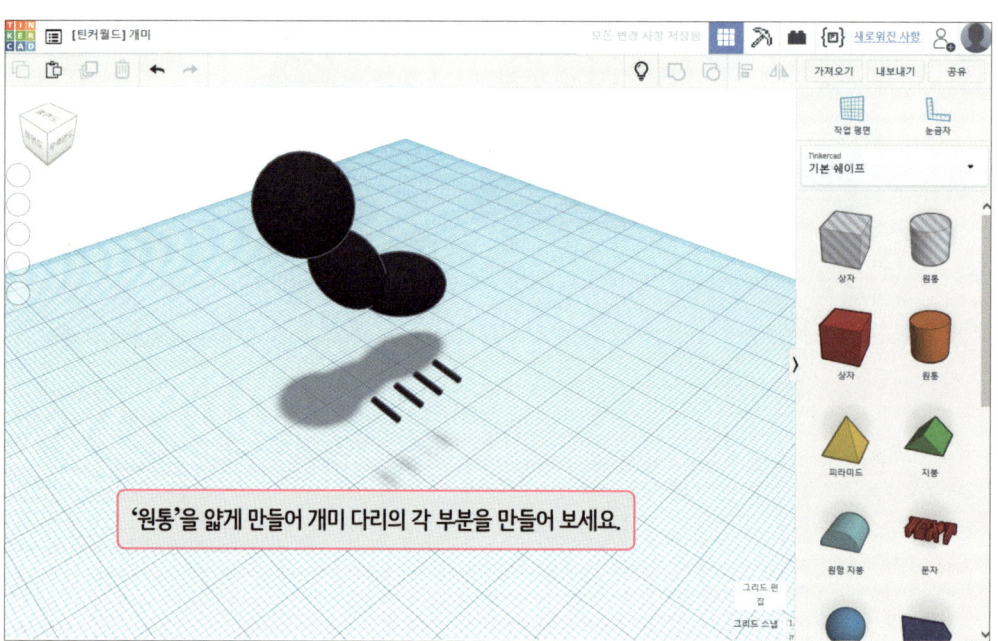

'원통'을 얇게 만들어 개미 다리의 각 부분을 만들어 보세요.

안녕(Goodbye), 틴커월드

4 다리 만들기 2

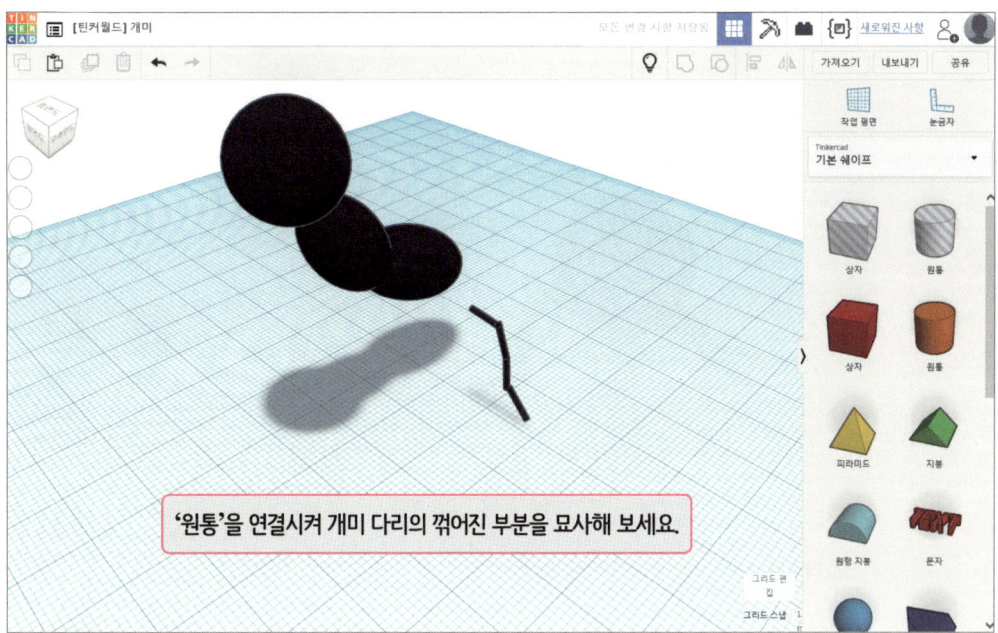

'원통'을 연결시켜 개미 다리의 꺾어진 부분을 묘사해 보세요.

5 다리 만들기 3

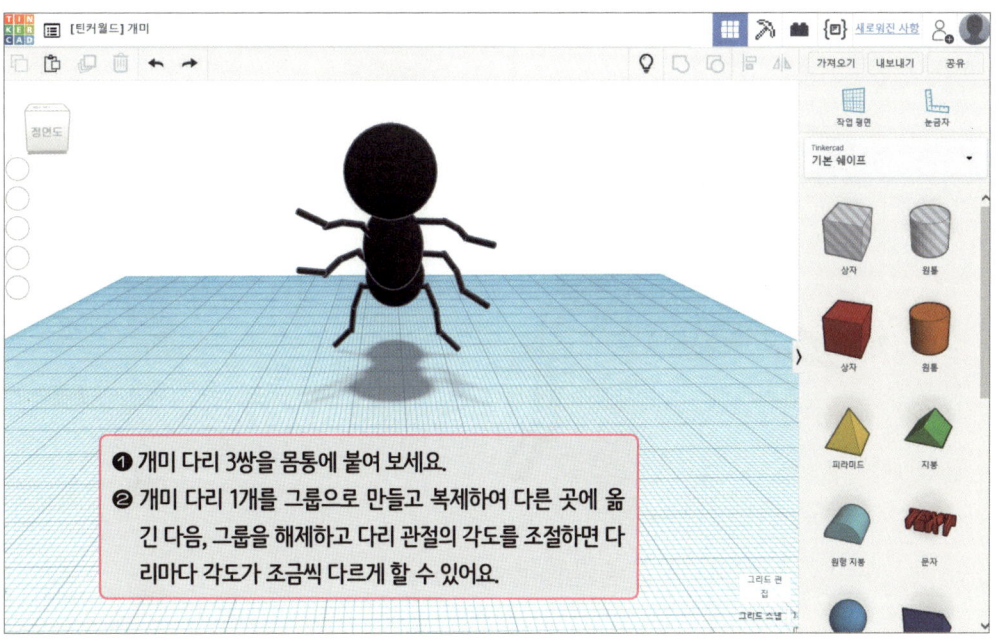

❶ 개미 다리 3쌍을 몸통에 붙여 보세요.
❷ 개미 다리 1개를 그룹으로 만들고 복제하여 다른 곳에 옮긴 다음, 그룹을 해제하고 다리 관절의 각도를 조절하면 다리마다 각도가 조금씩 다르게 할 수 있어요.

183

6 더듬이 만들기

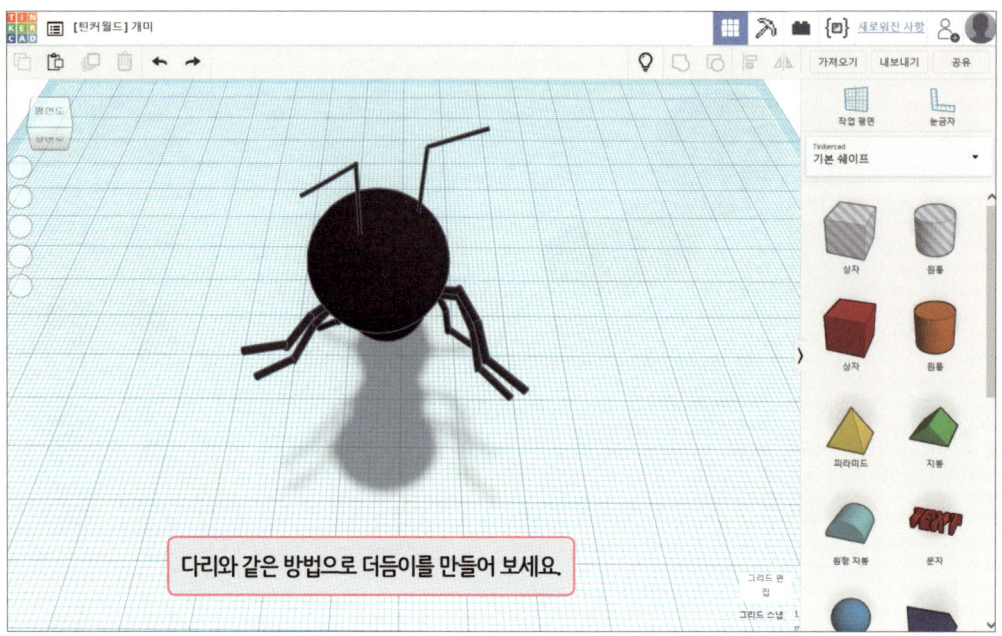

다리와 같은 방법으로 더듬이를 만들어 보세요.

7 얼굴 만들기

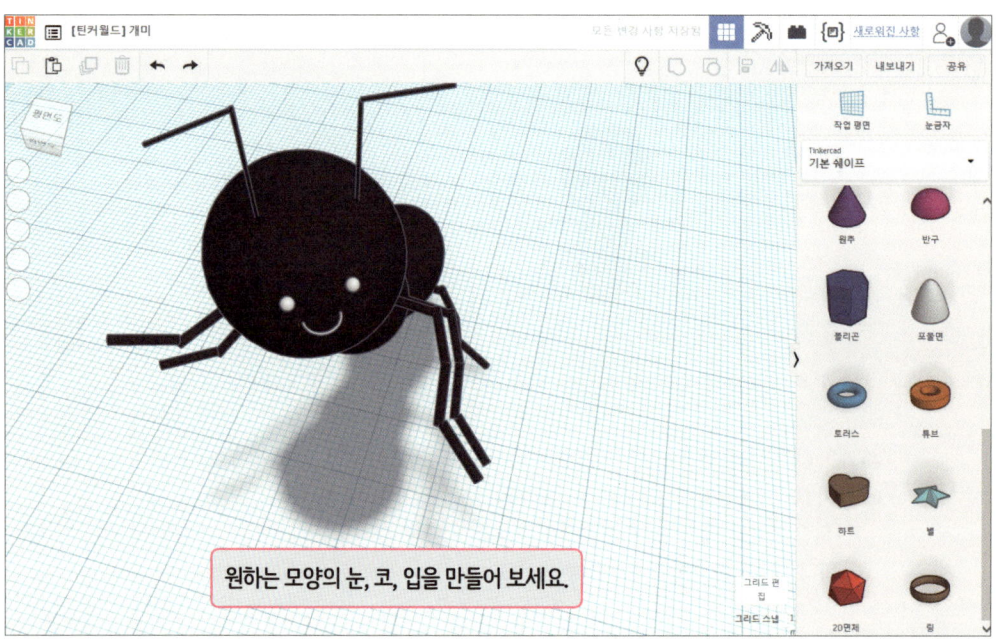

원하는 모양의 눈, 코, 입을 만들어 보세요.

안녕(Goodbye), 틴커월드

8 개미 동상 완성

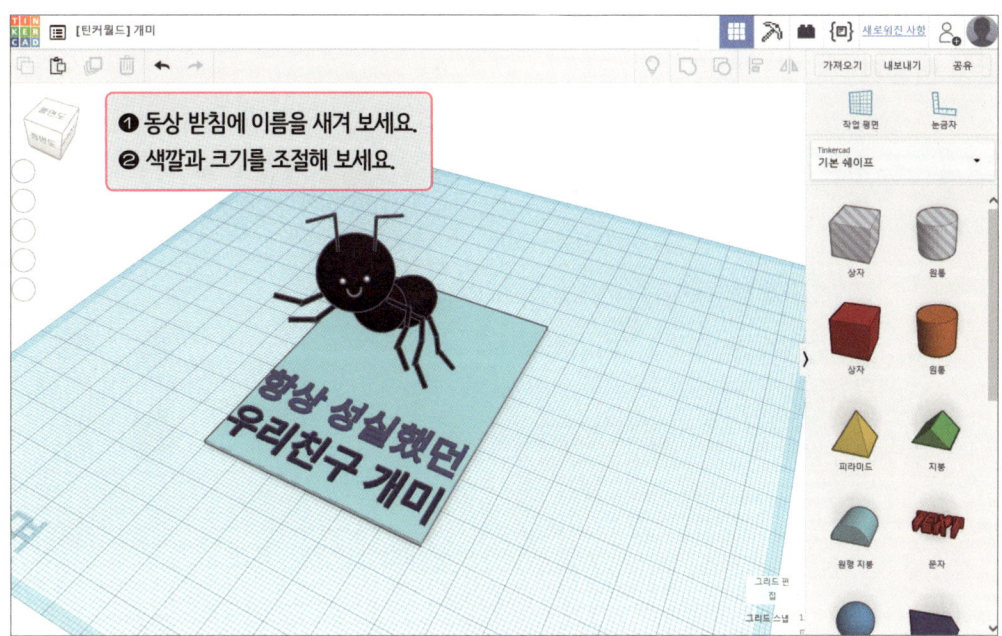

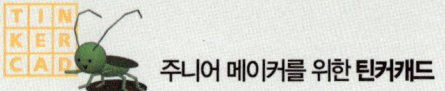

베짱이 동상 만들기

1 받침 만들기

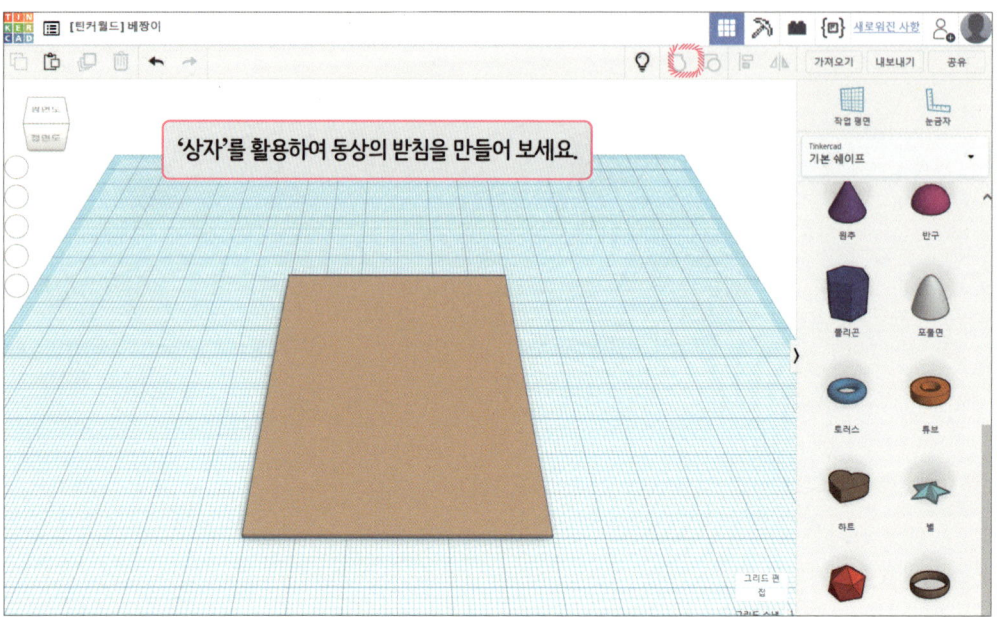

2 몸통과 머리 만들기

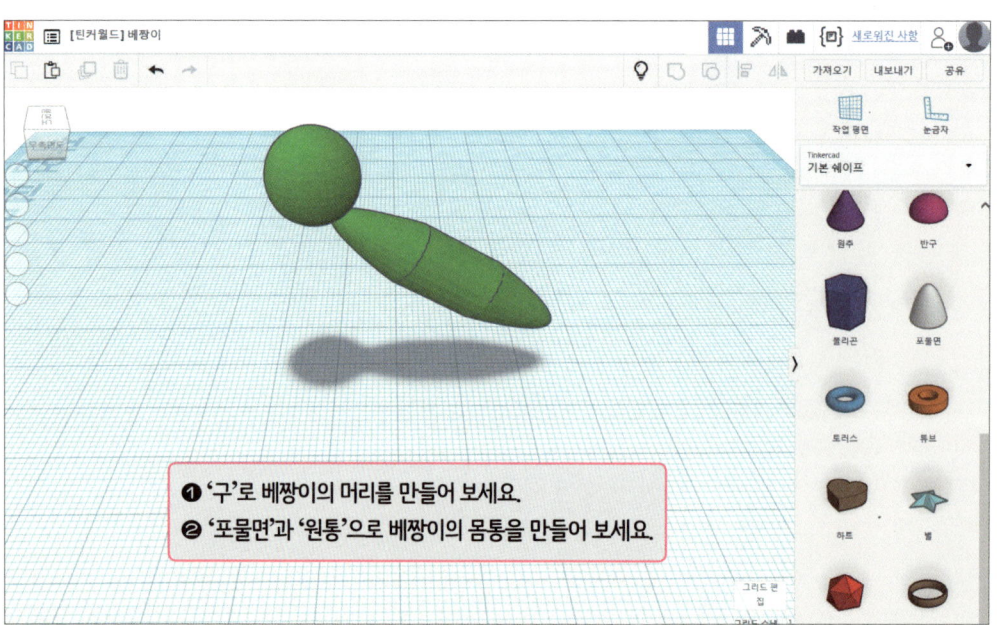

3 다리 만들기

개미 다리와 같은 방법으로 베짱이의 다리를 만들어 보세요.

4 날개 만들기

포물면, 반구, 원통 등 원하는 기본 도형을 가늘게 만들어서 베짱이의 날개를 만들어 보세요.

5 더듬이 만들기

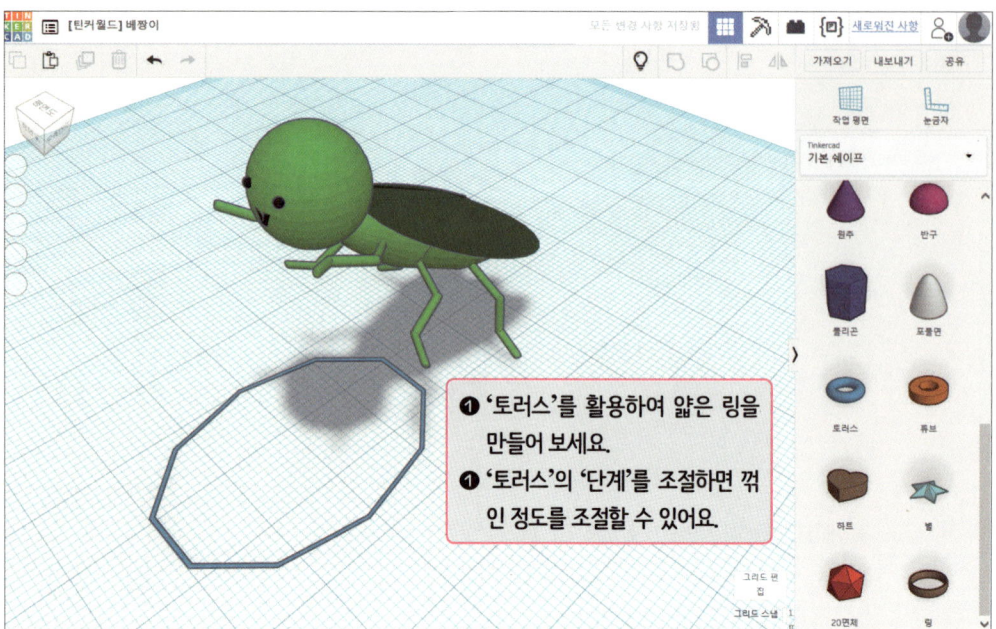

❶ '토러스'를 활용하여 얇은 링을 만들어 보세요.
❶ '토러스'의 '단계'를 조절하면 꺾인 정도를 조절할 수 있어요.

6 더듬이 자르기

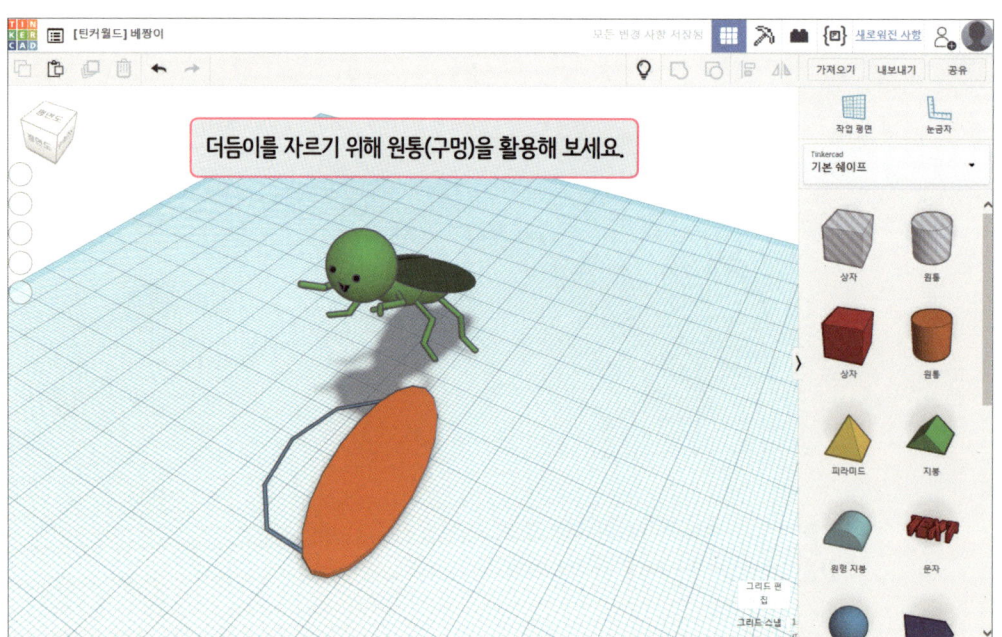

더듬이를 자르기 위해 원통(구멍)을 활용해 보세요.

안녕(Goodbye), 틴커월드

7 더듬이 복사하기

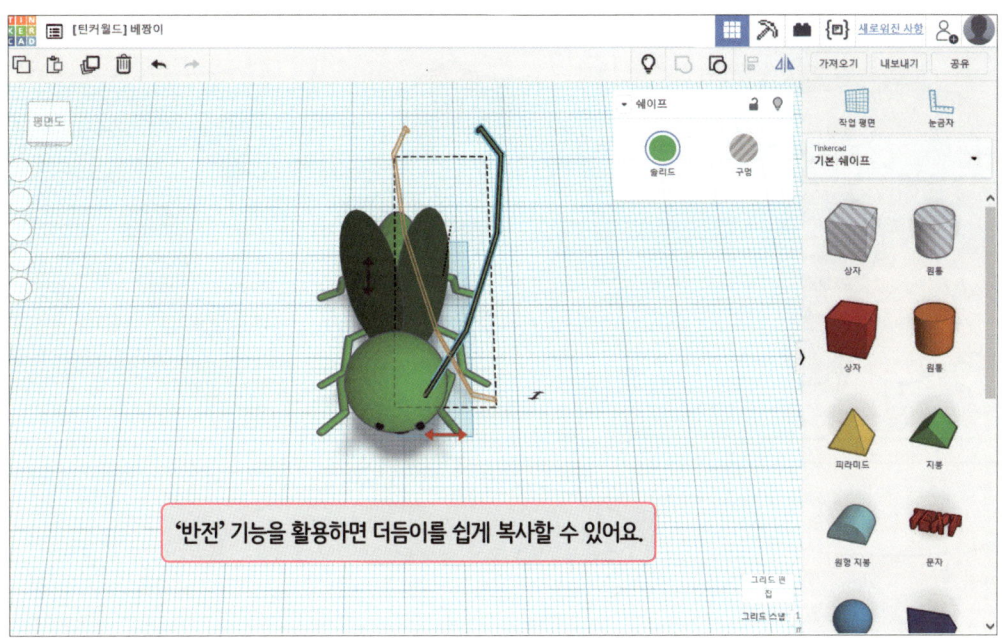

'반전' 기능을 활용하면 더듬이를 쉽게 복사할 수 있어요.

8 베짱이 동상 완성

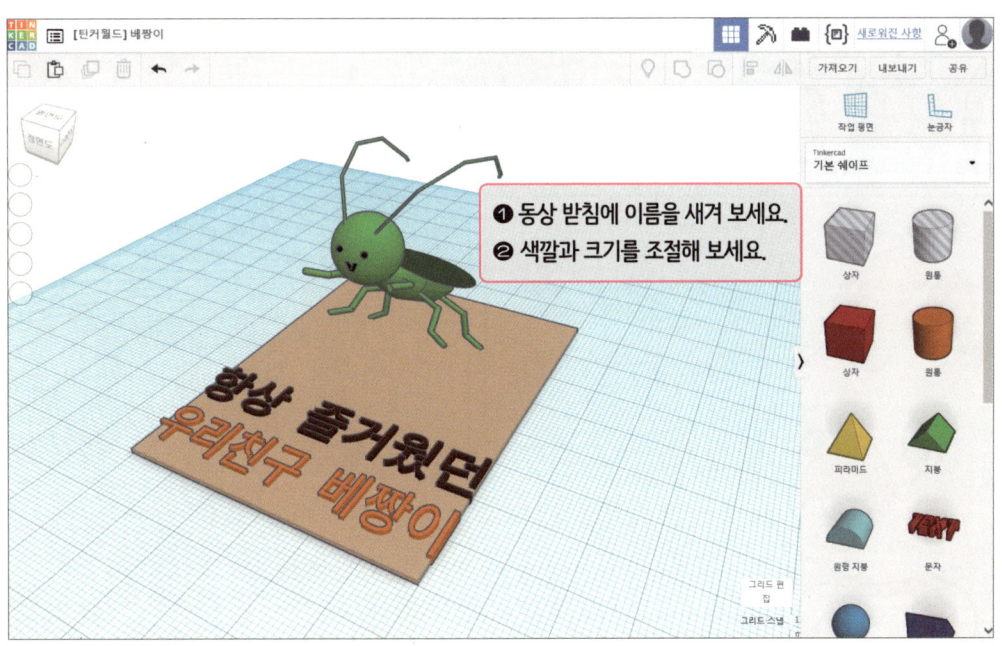

❶ 동상 받침에 이름을 새겨 보세요.
❷ 색깔과 크기를 조절해 보세요.

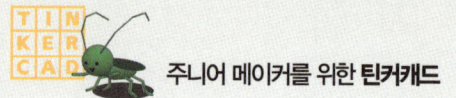

 안녕(Goodbye), 틴커월드

작별 3

 3D 프린터로 출력하기

 파일 저장하기

1 파일 내보내기

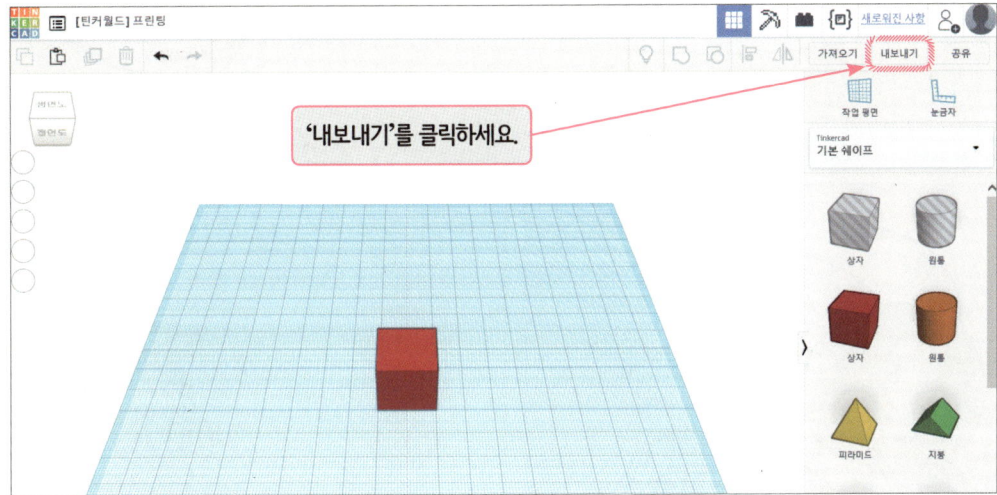

2 파일 다운로드

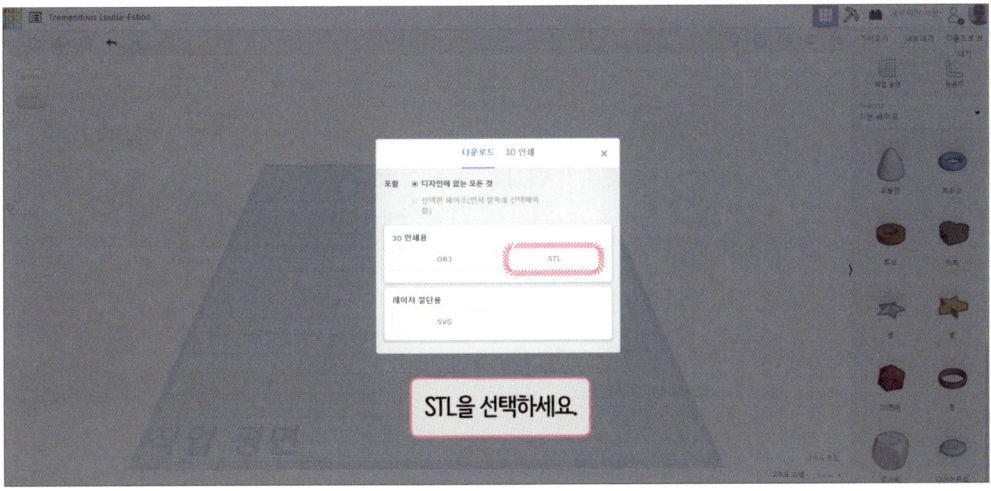

191

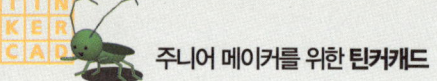

GCODE로 변환하기

안녕(Goodbye), 틴커월드

1 CURA 설치하기

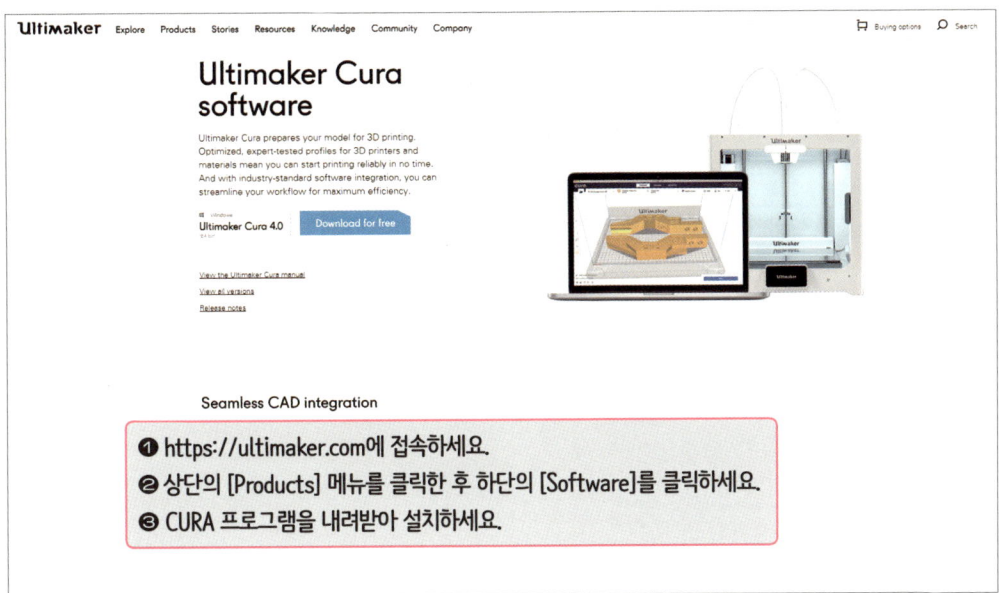

❶ https://ultimaker.com에 접속하세요.
❷ 상단의 [Products] 메뉴를 클릭한 후 하단의 [Software]를 클릭하세요.
❸ CURA 프로그램을 내려받아 설치하세요.

2 GCODE로 변환하기

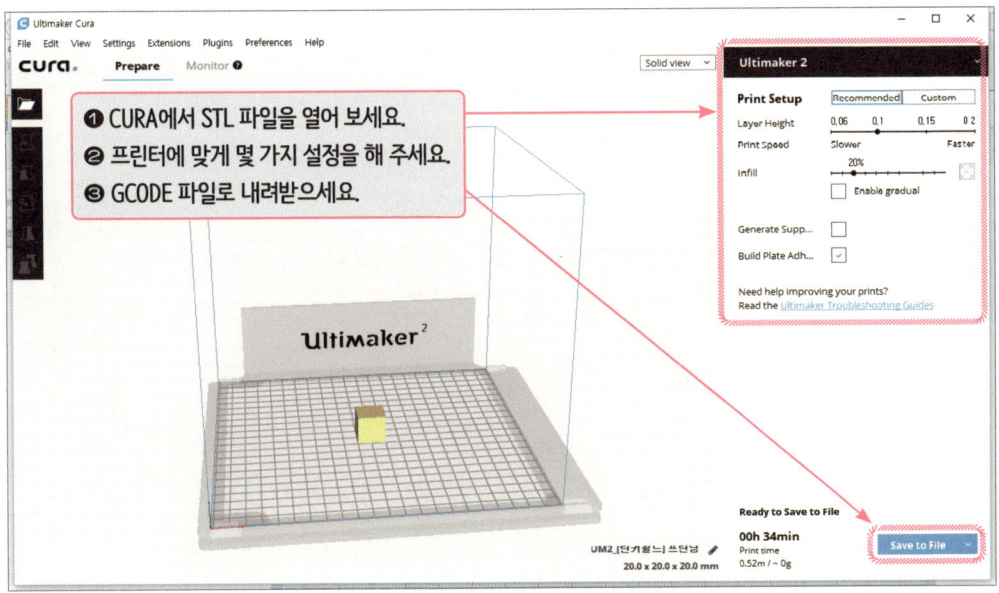

❶ CURA에서 STL 파일을 열어 보세요.
❷ 프린터에 맞게 몇 가지 설정을 해 주세요.
❸ GCODE 파일로 내려받으세요.

3 출력하기

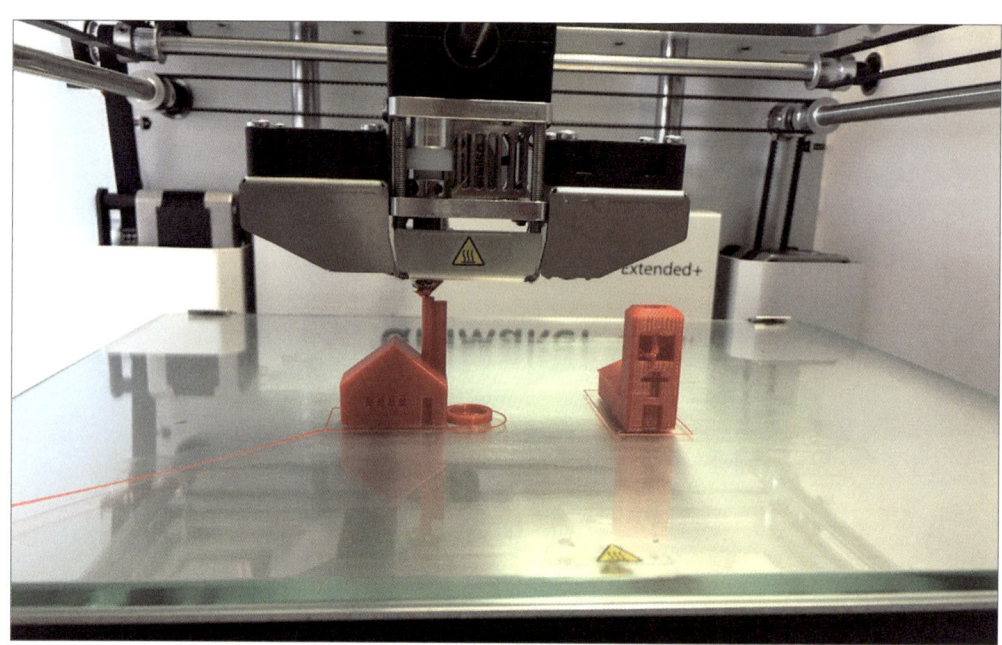

 GCODE 파일을 출력하는 방법은 3D 프린터 기종에 따라 달라.

 응, 알겠어. 열심히 공부해 볼게.
그런데 집이나 학교에 3D 프린터가 없으면 어떻게 하지?

안녕(Goodbye), 틴커월드

 출력 의뢰하기

3D 프린터가 없을 때는 STL 파일만으로 출력을 맡길 수 있어.

출력을 대신해 주는 곳은 매우 많지만, 나는 자이지스트 (https://xyzist.com)를 자주 활용하는 편이야.

1 홈페이지 방문하기

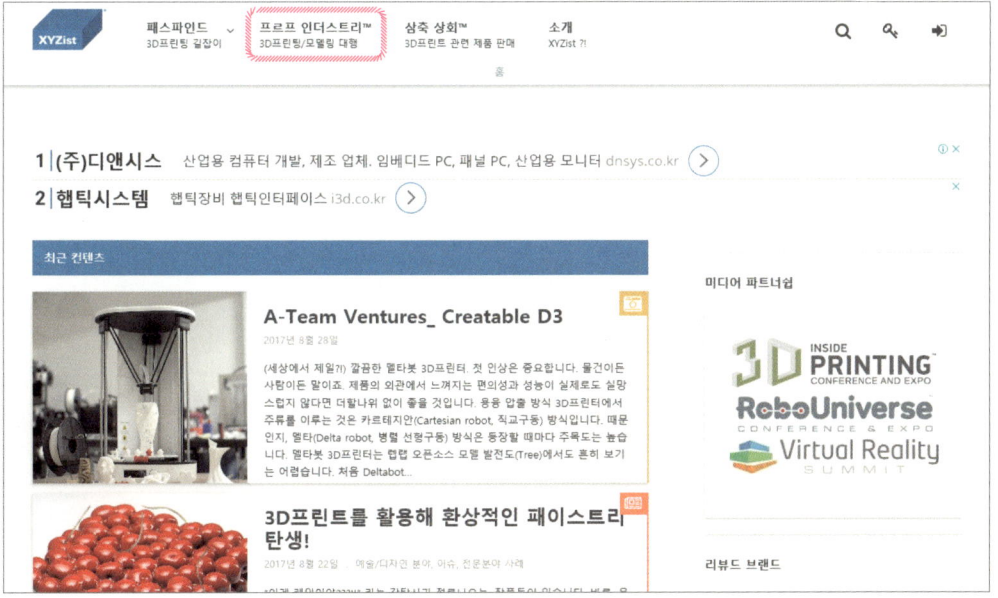

2 제작 문의하기

 몇 가지 질문에 대해 대답하고 STL 파일을 업로드하면 며칠 내로 출력물을 받을 수 있어.
'팅커월드'에서 왔다고 하면 출력 비용을 17% 할인해 주기도 해!

와, 정말 고마워! 어떻게 하면 할인을 받을 수 있는 거지?

 3D 프린팅을 17% 할인받는 방법

첫째, 출력을 문의할 때 '주니어 메이커를 위한 틴커캐드' 책을 샀다고 적습니다.
둘째, 결제할 때 할인코드 'SNPRRPDC'를 입력합니다.